[英国] 戴维·米勒 著　李里峰 译

政治哲学与幸福根基

牛津通识读本 ·

Political Philosophy

A Very Short Introduction

译林出版社

图书在版编目（CIP）数据

政治哲学与幸福根基／（英）米勒（Miller, D.）著；李里峰译．
—南京：译林出版社，2013.5（2023.7重印）
（牛津通识读本）
书名原文：Political Philosophy: A Very Short Introduction
ISBN 978-7-5447-3281-9

Ⅰ.①政⋯ Ⅱ.①米⋯ ②李⋯ Ⅲ.①政治哲学
Ⅳ.①D0

中国版本图书馆 CIP 数据核字（2012）第 219860 号

著作权合同登记号　图字：10-2014-197 号

政治哲学与幸福根基 ［英国］戴维·米勒 ／ 著　李里峰 ／ 译

责任编辑　许　丹　何本国
责任印制　董　虎

原文出版　Oxford University Press, 2003
出版发行　译林出版社
地　　址　南京市湖南路 1 号 A 楼
邮　　箱　yilin@yilin.com
网　　址　www.yilin.com
市场热线　025-86633278
排　　版　南京展望文化发展有限公司
印　　刷　江苏凤凰通达印刷有限公司
开　　本　890 毫米 × 1260 毫米　1/32
印　　张　9.25
插　　页　4
版　　次　2013 年 5 月第 1 版
印　　次　2023 年 7 月第 11 次印刷
书　　号　ISBN 978-7-5447-3281-9
定　　价　39.00 元

序言

顾肃

自二战结束以来，政治哲学几乎一直成为当今世界学术思想界的一个宠儿，一门显学。此事决非偶然。因为两次世界大战给人类的教训极其深刻。本来人们以为，随着工业化和科学技术的发展，人类在处理国与国、人与人关系上当会更加明智、理性、仁慈，但大战的结果却是以更先进的武器进行更大规模的搏斗、杀戮，甚至像德国纳粹那样公然进行种族灭绝，屠杀了六百万无辜的犹太人。于是，当大战的硝烟还未散去，志士仁人们就已经在审判战犯的德国纽伦堡法庭上开始思考人类的根本道义准则，包括最普遍的自然法的律令。而罗尔斯划时代的巨著《正义论》于1971年出版，则代表了战后人们反省正义原则问题的最重要哲学成果。从此，理论家们在政治哲学的论坛上风云际会，探讨交流，当然也不乏不同流派的激烈辩论，构成了当代政治哲学百家争鸣、相得益彰的生动画面。

冷战后的政治哲学则又有了新的进展，在自由民主大前提下的政治多样化发展同样引人注目。可以说，面对一个全球化多元发展的新时代，任何有知识和理智判断力的公民都需要有基本的政治头脑，了解国内外大势，把握住时代的脉搏，看对方向、走对路，做有道德、正义感和政治方向感的人。这就需要对于政治哲学有所了解，因为政治哲学主要探讨基本政治概念、原则的规范意义和道义基础，对于政治的基本是非有清醒的把握。当然，要掌握当代政治哲学的基本观点、原则、立场和流派，并非易事。如今专门著作浩如烟海，令初涉者望而生畏。

正因如此，我的同行相识、牛津大学著名教授戴维·米勒所写的这本简短导论，成了一本难得的政治哲学入门书。这是作者为牛津大学出版社推出的通识教材系列丛书所撰写的一本图文并茂的入门指导书，目的是向世界范围内的读者介绍政治哲学的基本概念、原理、观点、思想和方法，以使之对当代政治哲学有个初步的了解和把握。米勒教授是当代政治哲学界的知名学者，在该领域有独到的重要研究成果，《社会正义原则》即是为回应罗尔斯的《正义论》而写的一本名著。但是，正如本书前言中作者所言，他想通过这本书，“让政治哲学对以前从未接触过它的人变得有吸引力而且易于读懂，所以努力在不牺牲准确性的前提下，尽可能写得简单。”解释某些非常抽象的概念而不致陷入专门的圈内语言，这的确是一项挑战，但作者确实做到了。他用如此通俗生动的语言、深入浅出的论述写出这样一本介绍政治哲学的读物，实属难能可贵。

本书首先从意大利中世纪的一幅名为《好政府和坏政府的寓言》的油画开始，生动地阐述了为什么我们需要政治哲学。其实这就是对于包括好政府和坏政府的区别、权力、权威、正义、公正、平等、民主、自由等基本概念和原则的是非问答。政治哲学提供了支持自由民主、捍卫人权，要求统治的合法性建立在被统治者同意基础之上等等基本原理的正当理由，以及与此相反的各种观点之不能成立的道理。本书即围绕这些基本问题进行对主要概念的学理分析，介绍相互联系的、甚至还有对立的主要观点，并且由此展开深入浅出的论述和讨论。当然，作者不只是简单地论述是非，而且对各个问题的复杂性进行了实事求是的阐述。比如民主，作者指出，以民主的方式构建政治权威的做法渐成趋势，它依赖的是两个基本假设：第一，无人天生比他人优越，因而需要证明两者间的任何权威关系；第二，保护人民利益的最好办法就是使之成为政治权威的终极来源。尽管民主具有这样的道义基础，但在实践中仍然存在许多问题需要解决，这包括公民们对于政治过程和知识的了解有限，因而作出的决定也许并不都合理，故公民们也乐于选择一支领导者队伍来代表自己。结果就出现了作为代表的政府与其委托人之间的互动问题，以及当政府代表多数人的意志进行决策时，如何对待持反对意见的少数人的问题。现实中，一些民主体制下的公民经常对政治问题和政治知识表现出惊人的冷淡和无知，这就说明决不应该忽视民主在实践中遇到的各种困难。而宪政体制即是为了保护每个人包括少数派的权利而设计和运作的，它是民主的多数人决定原则的必要补充。但是，宪政民主体系还不止如此，它还必须保证多数人在作出最后决定之前充分考虑少数人所关注的问题，即便这并不涉及基本权利问题。这就需要民主制度本身拥有充分的协商和沟通机制，以及就公共议题进行公开的讨论和辩论。因此，尽管民主与专制相比是一个更合理和优越的制度，但也决不应该无视其本身存在的困难和问题，只有全面了解了民主的这些方面以后，无论是理论家还是政治家对于民主体制本身的运作才会有清醒的认识，避免极端的情况发生。

作为著名的研究学者，本书作者本人显然对基本政治哲学问题持有自己的基本倾向和立场，包括在不少方面不同意罗尔斯的观点。但是，作者却没有以介绍自己的观点为主，而是讲透基本问题，并且简要地联系从古代希腊至今的相关经典论述，相当客观全面地介绍了当代政治哲学的代表性观点和论据，总结了相关的争论，提纲挈领，概括准确，给读者以鲜明的总体把握。好比你进入一个陌生的城市，如果某人只是提供给你某个街道的细节，细致到连商号及其经理的名字都有，但却没有给你提供一幅脉络清晰、方位明确、标明主要街道和代表性建筑的全景图，那你在该城行走时仍然会迷失方向，不知置身何处。本书就是提供了一幅当代政治哲学方位明确、概念清晰、原理表述准确、代表性论点介绍精辟的全景图。

本书以政治哲学的几个基本概念和问题来安排论述，但在此过程中，也穿插了对不同流派观点的介绍和评论。总的来说，当代西方政治哲学的主流是以罗尔斯为代表的自由主义者，与此进行相当一段时期论争的社群主义是一个带有集体和社群倾向的流派，但并未完全脱离自由主义的基本论述。马克思主义则是长期以来与自由主义论战的另外一个激进的政治哲学思潮，此外，近年还有女性主义，以及世界主义和全球正义论者，这些流派之间互有争论。本书不可能一一细述各个流派，但在讨论各个基本问题时对相关流派的代表性观点均有所总结。读者可以在基本了解和掌握的基础上再阅读一些专门著作，以便对相关的流派和代表人物的思想有更深入和全面的把握。

生动形象是本书的一大特色。大量的插图和形象描述，加上对寓言画的仔细分析，大大增加了本书的可读性。比如，除了上面提到的开头的油画以外，作者在讨论正义问题时也仔细分析了另外一幅有关公正的寓言画。所作的解析生动精辟，让人对于政治哲学有了身临其境的亲近感，而不是枯燥无味的说教和晦涩难懂的概念名词轰炸。英国哲学的传统是经验主义,从基本经验事实中总结出相应的概念和原则,加上概念分析的逻辑工具,把深奥的哲学概念和理论与经验世界密切结合,而不是只满足于发明新名词新概念,用自我臆想的庞大的形而上学理论体系掩盖思维严重脱离实际的致命伤,以致许多理论对于现实的社会和政治改革毫无贡献(当然,这里并无全盘否认形而上学的意思,关键是看研究者本人的根本态度是以实践为依归,还是逃避现实、躲在象牙之塔里孤芳自赏甚至自欺欺人)。本书论述中处处体现出的鲜明的实践针对性和指导性,同样值得称道。

本书中译本文句通顺,表达准确,加上有英文对照,对于广大读者包括高校师生准确地了解和把握政治哲学基本问题大有裨益。因此,我愿在此大力推荐这本难得的政治哲学入门书。

2007年10月

写于南京秦淮河畔曲水文华苑

目录

前言

我想通过这本书，让政治哲学对以前从未接触过它的人变得有吸引力而且易于读懂，所以努力在不牺牲准确性的前提下，尽可能写得简单。解释某些非常抽象的概念而不致陷入专门的圈内语言——如今这样的语言使那么多的学术著作索然无味——证明是一项有趣的挑战。我非常感激来自各行各业的朋友，他们惠允阅读了本书初稿，给了我总体上的鼓励和许多有益的建议，他们包括：格雷厄姆·安德森、乔治·布朗、休·米勒、伊莱恩·普尔和亚当·斯威夫特，以及牛津大学出版社的两位审稿人。我还要感谢索非娅·斯特姆洛芙斯卡在本书定稿时很有价值的帮助。

第一章

我们为何需要政治哲学

这是一本关于大主题的小册子。众所周知，一张图画抵得上千言万语，因此我想从谈论一幅巨型图画开始，它能帮助我们弄清政治哲学是怎么回事。要讨论的这幅画是由安布罗焦·洛伦泽蒂[①]在1337至1339年间创作的，它覆盖了锡耶纳市共和宫帕切厅[②]的三面墙壁。这幅画通常被称为《好政府和坏政府的寓言》，洛伦泽蒂的壁画首先是通过代表了统治者应该有和不应该有的品质的人物形象，描述好政府和坏政府的本质；然后再展现出两种政府对普通百姓生活的影响。在好政府的例子中，我们看到威严的统治者穿着华丽的长袍，端坐在自己的宝座上，众人围坐在他的身边，象征着勇气、正义、宽厚、平和、审慎、节制等美德。他的下方站着一列被长绳缠绕的公民，绳子两端系在统治者的手腕上，象征着统治者与人民之间的和谐联结。我们转向右边，就能见到洛伦泽蒂所描绘的好政府先是对

---

① 洛伦泽蒂(1285—1348)，意大利画家，文艺复兴时期锡耶纳画派的主要代表。——本书注释均为译者所加，以下不再一一注明

② 锡耶纳，意大利城市，位于佛罗伦萨以南约七十公里。共和宫，一译“市政厅”，现为市博物馆，存有锡耶纳画派的许多绘画作品。帕切厅，直译应为“九人厅”，详见后文。

城市、继而对乡村的影响。城市井然有序，富庶繁荣：我们看到工匠在勤劳地操练手艺，商人在买卖货物，贵族骑着装饰花哨的马匹；有个地方，一群跳舞的人手拉手围成一圈。城门外，一位穿着考究的女士骑马出猎，途中遇到一头滚圆的白条猪正被赶往市场；在乡村，农民们耕种土地，收获庄稼。万一粗心的观察者没能抓住壁画传达的信息，这些信息也清楚地写在象征安全的一位长有双翼者手中高举的旗帜上：

> 只要共同体继续维护这位女士的权威，人人都将无所畏惧地自由旅行、耕地、播种，因为她剥夺了邪恶者的一切权力。

另一面的壁画代表了邪恶的政府，它保存得没有那么完好，但传达的信息同样一目了然：被贪婪、残酷、傲慢等罪恶所环绕的恶魔般的统治者，军事占领下的城市，以及被可怕的军队摧毁的荒芜的乡村。在这里，恐惧之神所举的旗帜上写着：

> 在这座城市，正义屈服于暴政，因为人人都只顾追逐自己的利益。没有人能沿着这条路走下去而不为自己的生命担忧，因为城门内外都有抢劫发生。

要想懂得什么是政治哲学以及我们为何需要它，看看洛伦泽蒂的恢弘壁画是再好不过的方法了。我们可以将政治哲学定义为对好政府与坏政府的性质、起因和结果的研究，我们的图画不仅概括了这一探求，而且以引人注目的视觉形式表达了这门学科最核心的三个理念。一是好政府和坏政府深刻地影响着人类生活的质量。洛伦泽蒂向我们展示了正义和其他美德的统治如何任由普通人民去工作、贸易、打猎、跳舞，简言之，去做一切使人类生存更加丰富多彩的事情；而这幅画的另一面，则展示了暴政如何孕育贫穷和死亡。所以这是首要的理念：被统治得好还是坏，这对我们的生活的确非常重要。我们不能脱离政治、退隐到私人生活中去，也无法想象自己被统治的方式不会对我们的个人幸福产生巨大影响。

第二个理念是，政府采取的形式不是预先确定的：我们可以作出选择。这幅壁画究竟为何出现在这里呢？它被画在“九人厅”——九人执政会的议政室里，这是一个由九位富有商人轮流执掌的议政机构，在14世纪上半叶统治着这座城市。[①]因此，这幅画的功能不仅在于提醒这些执政者牢记他们对锡耶纳人民的责任，也是对该地建立起共和统治形式的一种庆祝，当时许多意大利城市正处于严重的政治骚乱之中。对坏政府的描绘也不仅是一部学究气的影射作品：它还警告人们，如果城市的统治者不能履行对人民的责任，或者人民不能履行**他们**监督自己的代表的职责，将会发生何种情形。

第三个理念是，我们能够知道好政府与坏政府的区别何在：我们可以探究不同政府形式的后果，可以了解哪些品质有助于构成最好的政府形式。换言之，有这样一种叫做政治知识的东西存在着。洛伦泽蒂的壁画承载着这一理念的所有外在印记。我们已经看到，有德行的统治者被象征各种品质的人物所环绕；根据当时的政治哲学观念，这些品质代表了好政府的特征。壁画旨在予人以启迪：它们想要同时教会统治者和公民实现自己想要的那种生活。正如洛伦泽蒂所坚信的，这预示着我

① 九人执政会，1287至1355年锡耶纳市的执政机构。

图 1 安布罗焦·洛伦泽蒂《好政府和坏政府的寓言》中有德行的统治者。

们能够知晓如何做到这一点。

然而，我们该不该相信壁画中的信息呢？它们含蓄提出的那些主张确实是**可靠的**吗？我们拥有哪一种政府这一点对我们的生活真的那么重要吗？在这方面我们有选择吗，抑或我们对诸如政府形式之类的事情根本无法控制？我们能否知道是什么使一种政府形式比另一种更好？这些都是政治哲学家们提出的一些重要问题，此外还有许多更小的问题。但在试图回答这些问题之前，我还得多解释几句。

我在这里所说的政府，是指比“当下的政府”——任何社会中某一特定时刻拥有权力的一群人——宽泛得多的东西。实际上，我指的是比国家——权威所赖以行使的政治机构，诸如部长内阁、议会、法院、警察、武装部队，等等——还要宽泛的东西。我指的是引导我们共同生活于社会之中的规则、实践和制度的整体。我们或许会认为以下这些是理所当然的：人类需要相互合作，需要知道谁能和谁一起做些什么，谁拥有物质世界的哪些部分，如果有人破坏规则将会发生什么，如此等等。但我们不能想当然地认为人类必须有一个国家来解决这些问题。我们将在下一章看到，政治哲学面临的一个中心问题就是我们为什么首先要有一个国家，或者更笼统地说，为什么需要政治权威。我们需要和无政府主义者论战，他们认为没有国家，社会也能很好地管理自己。所以我想暂时让它成为一个开放性的议题："好政府"究竟是否要求有一个国家，或者说习惯意义上的政府。另一个在本书最后一章之前也将悬而未决的问题是，应该只有一个政府还是有许多政府，即整个人类共用一种单一的制度形式，还是不同的民族采取不同制度？

在创作这幅壁画时，洛伦泽蒂首先是依据两类统治者的人性品质及其对属民生活的影响，来表现好政府和坏政府。考虑到壁画这一介质的信息传递方式，这一点也许难以避免，但它无论如何是完全符合那个时代的观念的。好政府不仅与政府体制本身有关，也取决于那些统治者的性格特征——比如审慎、勇气、慷慨，等等。当然在体制方面还存有争议：比如君主制是否比共和制政府更加可取，抑或正好相反。如今关注的重点已经发生了变化：我们对好政府的制度方面思考得更多，而对使制度得以运行的人们的个人品质思考得更少了。也许有人会说我们已经沿着这条路走得太远了，但我仍将采纳现代主流视角，在随后的章节里主要谈论作为一种制度的好政府，而不是怎样使我们的统治者更具美德。

现在让我们回到这幅巨画背后的理念。三大理念中最没有争议的一个，是政府深刻影响着我们生活的质量。如果有读者没能立刻认识到这一点，那也许是因为他或她生活在年复一年无甚变化的政府形式之下。选举的时候一个政党代替另一个政党，可对大多数人的生活来说，这种转换只会产生极小的影响（尽管政治家们喜欢假装不是这样）。但是，想想在上个世纪兴起和衰落的那些政权吧：想想德国的纳粹政权和被它杀害的六百万犹太人。而与此同时，在另一些国家，所有人都看到自己的生活水平以空前的速度提高着。20世纪的历史，几乎是精确地复制了洛伦泽蒂壁画中那种泾渭分明的对比。

但在这一点上，我们必须考虑到三大理念中的第二个。即便不同的政府形式曾经是、现在仍然是造成繁荣或贫困、生存或死亡的直接原因，我们究竟能在多大程度上影响统治着我们的政体呢？抑或它们只是链条上的一环，其自身也受控于我们无法左右的更深层的原因？如果这样的话，政治哲学还有什么意义，何人宣称的宗旨能帮助我们选择最好的政府形式？

认为我们无法作出真正的政治选择的宿命论观点，曾以不同的形式出现在不同的历史时期。在洛伦泽蒂创作他的壁画的时代，许多人相信历史运动是循环的：好政府虽无法容忍却又不可避免会随着时间流逝而滋生腐败、堕落为暴政，此后只有通过缓慢的进程，才能回复到它的最好形式。在另一些时期，尤其是19世纪，普遍的信条存在于历史进步的观念中：历史沿着直线前进，从原始的野蛮状态进入到文明的更高级阶段。可这又一次意味着，社会被统治的方式依赖于人类控制之外的社会因素。这种观点最具影响力的版本是马克思主义，它认为社会的发展最终取决于人们生产物质产品的方式——他们使用的技术，以及他们采纳的经济体制。政治成了“上层建筑”的一部分，它要适应于占主导地位的生产方式的需要。因此按照马克思的说法，在资本主义社会，国家必须服务于资产阶级的利益；在社会主义社会，国家会服务于劳动人民的利益；最后到了共产主义社会，国家将彻底消失。照此说来，思考政府的最好形式就变得毫无意义了：历史将替我们解决这一问题。

有趣的是，马克思主义本身的发展历程向我们揭示了这种决定论的错谬之处。在马克思主义观念的影响下，社会主义革命在马克思认为它本来不会发生的地方——俄国和中国这样经济相对落后、因而还未及采纳社会主义生产方式的社会——发生了。而在更为发达的资本主义社会，有的地方建立了相当稳定的民主政府——考虑到这些社会的阶级分裂性质，马克思曾认为这是不可能的；另一些国家则沦为法西斯政权的牺牲品。这表明政治在相当程度上是独立于经济，或者更宽泛地说，独立于社会进程的。这也再次意味着，人们不仅对狭义的政府形式，而且对更广泛的社会构成方式，都有巨大的选择余地。他们应该拥有一个一党制国家，还是一个自由民主的民选政府？经济应该由中央计划，还是以自由市场为基础？这些都是政治哲学家们试图回答的那一类问题，它们再一次被提上了议事日程。

但如果说20世纪的经验终结了19世纪如此流行的那种历史决定论的话，那么到21世纪开始的时候，一种新的宿命论已经出现了。这是一种由新出现的全球经济增长所激发的信念，它认为要想让自己的人民从中获益，国家施展身手的空间已经越来越小了。任何试图与市场对抗的国家都会遭遇经济衰退。在新的全球竞争中唯一可能取得成功的就是自由民主国家，所以尽管一个社会可能采取不同的统治形式——例如伊斯兰政权——但其代价将是经济随之衰落。这就是所谓的“历史终结”论，其实质是宣称一切社会都将在经济力量的驱使下，采用大致相同的方式来统治自己。

毫无疑问，这种形式的宿命论也会像它的早期形式那样，被一些事件逐步颠覆。在环境问题、全球市场对发展中国家的影响或者普遍下滑的全球文化品质等方面，我们已经能够看到以政治运动形式表现出来的对于全球化的对抗性反应。这些运动对视经济增长为超级目标的观念形成了挑战，并在此过程中提出了我们生活的终极价值是什么、我们如何实现这些目标等问题，而这些正是政治哲学的中心问题。即便把政治论辩局限在与传统的核心话题更为接近的范围内，我们仍然有足够的余地去讨论：在更宏大的平等的名义下，我们应该牺牲多少经济自由；或者为了加强自己生活于其间的社区的和谐，我们应该在多大程度上限制个人自由。在我写作本书期间发生了一场激烈的争论，不停地谈论着恐怖主义、个人权利以及无论别国怎样统治都不能干涉其内政的原则。这些同样是需要作出集体选择的问题，也是政治哲学的一些典型问题。

到目前为止我已经指出，政治哲学研究的是对我们所有人都至关重要的问题，以及我们可以作出真正的政治选择的问题。现在我要面对另一个拒绝承认这门学科的理由，即政治关乎权力的运用，而掌权者——尤其是政治家——不会关注政治哲学的著作。按照这种思考方式，如果你想改变现状，就应该走上大街、示威游行、制造混乱，或者换一个办法，看能不能找到一个政治家去贿赂或勒索，反正你用不着为那些没人去读的关于好政府的学术论文费神。

的确，当政治哲学家试图直接干预政治生活的时候，他们常常会落得一败涂地。他们向有权的统治者进言——亚里士多德[①]当了亚历山大大帝[②]的家庭教师，马基雅维利[③]想给佛罗伦萨的美第奇家族[④]出主意，狄德罗[⑤]被叶卡捷琳娜女皇[⑥]邀请到圣彼得堡讨论怎样使俄国实现现代化——但这些干预有没有用则是另一个问题。撰写于紧张的政治冲突时代的论文，通常只能是两不讨好。一个有名的例子是托马斯·霍布斯[⑦]的《利维坦》，这部政治哲学巨著是在英国内战仍很激烈的时候写成的。霍布斯在论述中赞成专制政府（我将在下一章对此进行更充分的讨论），结果既不受保皇党人欢迎，也不被议会党人接受。前者相信君权神授，后者则认为合法政府的成立需要得到国民的同意。霍布斯所描绘的人类境况的悲惨图景使他得出结论：我

---

① 亚里士多德（前384—前322），古希腊哲学家、政治学家。公元前341年应马其顿国王腓力二世的召唤，成为其子亚历山大（后来的亚历山大大帝）的家庭教师。

② 亚历山大大帝（前356—前323），即马其顿国王亚历山大三世，公元前336—前323年在位。

③ 马基雅维利（1469—1527），意大利外交家和政治思想家，代表作为《君主论》。美第奇家族统治佛罗伦萨时期，曾就政治改革问题向马基雅维利征询意见。

④ 美第奇家族，15、16世纪佛罗伦萨最有势力的政治家族之一，曾多次（包括1511至1527年）统治佛罗伦萨。

⑤ 狄德罗（1713—1784），法国启蒙思想家，百科全书派代表人物。

⑥ 叶卡捷琳娜女皇（1729—1796），一译“凯瑟琳大帝”，俄国女皇，1762—1796年在位。

⑦ 霍布斯（1588—1679），英国哲学家，代表作为《利维坦》。

们必须屈服于任何一个已经建立的有效政府，无论它能否为自己正名。由此推论，查理一世[①]在位的时候拥有统治之权，但是在成功罢黜查理之后克伦威尔[②]也有这个资格。这是双方都不想听到的。

霍布斯的例子有助于解释，为什么政治哲学家很少对政治事件产生**直接**影响。由于从哲学的视角去看政治，他们一定会对政治家和全体公众所持有的许多习惯看法形成挑战。他们把这些看法放到显微镜下，细细探究当人们谈论某某的时候到底指的是什么，他们有什么证据来支持自己的信条，在受到质疑时他们如何证明自己的看法是正当的。这种论辩式审察的结果之一是，当政治哲学家提出他们自己的观点和主张时，对于那些习惯于常规讨论的人来说几乎总是显得奇怪和让人心烦，正如霍布斯的观点之于英国内战中争斗不休的那两派人一样。

但这并不能阻止政治哲学随着时间的推移而产生影响，有时还是相当大的影响。当我们思考政治的时候，常会作一些自己意识不到的假设，这些假设是潜在的，然而又确实大大改变了历史的进程。比如在霍布斯写作的时代，讨论政治时诉诸宗教原则，尤其是《圣经》的权威，是很常见的。霍布斯留下的永恒遗产之一是让用完全世俗的方式思考政治成为可能。尽管霍氏本人深深沉溺于宗教问题，但他在用全新方法探讨政治权威时却容许将政治和宗教分离开来，并分别采用不同的术语。或者想一想在霍布斯的时代，只有少数极端激进分子才会相信民主

① 查理一世（1600—1649），英国斯图亚特王朝国王，1625年继承王位，1649年被处死。

② 克伦威尔（1599—1658），英国政治家、军事家，1653年成为英国独裁统治者。

可以作为一种统治形式(典型的是,霍布斯自己虽未将民主制完全排除在外,却认为它总体上要比君主制低劣)。如今我们无疑已经把民主看作是理所当然的,以至于很难想象其他的统治形式怎能被视为合法。这种变化是如何发生的?这是一个复杂的过程,但是为民主辩护的政治哲学家肯定是其中不可或缺的推动力量。他们的观点被采纳、普及,融入了主流的政治观念。其中最著名的也许是让-雅克·卢梭[①],他通过自己的著作《社会契约论》对法国大革命发挥的影响是毋庸置疑的。(至少托马斯·卡莱尔对此没有怀疑。据说当人们要求他证明抽象观念在实践中的重要性时,他答道:“曾有一个叫卢梭的人写了一本除了观念之外别无他物的书。它的第二版就是用那些对第一版不以为然者的皮肤装订而成的。”)

没有人能预言一本特定的政治思想著作会产生诸如霍布斯的《利维坦》、卢梭的《社会契约论》或者换一个更近的例子——马克思和恩格斯的《共产党宣言》那样的影响。这完全取决于哲学家所提出的潜在的思想变化是否与政治和社会变迁相一致,从而使新观念能够成为随后几代人的共识。另一些政治哲学著作取得了有限的成功,随后就事实上不留痕迹地消失了。但是对政治哲学的需要一直存在着,尤其是在我们面对新的政治挑战而当时的传统智慧又无力应对之时。在这种时候,我们需要挖掘得更深、需要探寻我们所持政治信念的基础;正是在这里我们转向了政治哲学,也许不是从本源上,而是经过了小册子、杂志、报纸等等的过滤——每一个成功的政治哲学家都曾依靠与媒体关系良好的追随者,使自己的观点得以传

① 卢梭(1712—1778),法国启蒙思想家,代表作为《社会契约论》。

播。

可是就算政治哲学满足了真正的需要，它能否证明自己有真正的正当性呢？（占星术满足了一种强烈的需要——人们想知道注定会落到自己身上的未来是什么——可我们大多数人都认为星相本身完全是假的。）政治哲学声称能带给我们一种关于政治的**真理**，它和日常生活中指导我们的**观点**是不同的。常被视为政治哲学之父的柏拉图[①]通过《理想国》中的洞穴寓言，以最引人注目的方式提出了这种主张。柏拉图将普通人比作被缚在洞穴里的囚徒，只能看到事物投射在自己前方洞壁上的影子。柏拉图说，他们会设想这些影子是唯一真实的事物。现在假设其中一名囚徒被释放出来，来到炫目的光亮中频频眨眼。慢慢地，他会看到世界上的真实物体，明白自己曾经看到的只不过**是**影子。但若让他再回到洞穴，试图让同伴们认识到自己的错误，他们不太可能会相信他。柏拉图认为，这就是政治哲学家所处的位置：他拥有真实的知识，他周围的人只有扭曲的观点。但由于通往哲学知识的小径是漫长而艰辛的，很少有人愿意去尝试。

然而，柏拉图将哲学知识与普通观点进行如此强烈的对比是否合理呢？这里不打算讨论这种区分的形而上学基础，所以让我简单地说吧：我的政治哲学概念不包括将那种普罗大众所无法获得的特殊知识独独赋予哲学家们。相反，他们使用与其他任何人完全相同的方式去思考和推理，只不过更加挑剔、更加系统。他们很少想当然：他们会探究我们的信念是否相互一致，是否得到证据的支持，以及如果可能的话，这些信念如何被纳入一个宏大的图景。要解释这一点，最简单的办法是举几个

① 柏拉图（前427—前347），古希腊哲学家，代表作为《理想国》。

图 2 柏拉图和苏格拉底，马修·帕里斯(卒于 1259)为《苏格拉底王的预言》所作的扉页插图。

例子。

假设我们去问一个政治家他有哪些目标，他所属的政治团体想要实现哪些目的或价值。如果他身处当代西方社会，那么他也许会提出一个料想中的清单：法律和秩序保障、个人自由、经济增长、充分就业以及另外一两个目标。一个政治哲学家对此会作出什么反应呢？她首先会把关注焦点放在这些目标本身上，探究哪些才是真正**终极**的目标。比如说经济增长，它究竟是一个价值上自足的良善目标，抑或其好处仅在于为人们提供更多的选择机会或者使人们的生活更加健康快乐呢？我们能否假设更多的增长总是好的，抑或增长到达某一点后就不再对那些真正重要的东西有所助益了呢？对于充分就业也可以提出相似的问题。我们重视充分就业，是因为我们相信人们从事有酬劳的工作具有实质性价值，还是因为人们没有工作就无法过上体面的生活呢？但如果后者是正确的，那为什么不让人人都有一份收入而不管他们是否工作，再把工作变成那些爱好工作的人的一项自愿活动呢？

我们的政治哲学家还会问，政治家们所列出的不同目标是怎样相互联系起来的。政治家很少承认自己可能必须牺牲一个目标以便实现另一个目标，但事实上他们也许会这样做。以法律和秩序保障与个人自由为例，我们能否通过限制个人自由让街区更加安全——比如给警察以更大的权力去逮捕那些他们怀疑将要从事犯罪活动的人？如果这样的话，何种价值具有更高的优先权？当然，为了解决这个问题，我们需要更精确地说明个人自由的**含义**。它仅意味着可以做你想做的一切，还是指**只要不伤害他人**就可以做你想做的事情呢？这对我们所提的问题来说是非常重要的。

在提出这些问题和暗示某些答案时，政治哲学家没有（或者不需要）借助于任何深奥的知识形式。他们鼓励读者对自己的政治价值观进行反思，弄清在终极分析中自己最关心的价值是哪些。沿着这条道路，他们也许会添加一些新的知识信息。例如，在对经济增长的价值进行深入思考时，也有必要看看物质生活水平迥异的人们在生理指标（譬如健康度和死亡率）和心理指标（譬如对生活的满意度）上情况如何。因此，政治哲学家需要很好地掌握社会和政治科学知识。在早期阶段，他们主要通过核实种种证据来做到这一点。这类证据可以从关于范围极广的人类社会及其各种政治体系的历史记录中找到，但它们是某种印象式的、通常不太可靠的东西。在这方面，由于20世纪社会科学的巨大发展，今天的政治哲学家可以将证据建立在更坚实的经验主义基础之上了。但是他们工作的本质仍然是一样的。他们吸纳我们关于人类社会的知识并弄清人们被统治的方式，然后探究根据（他们相信自己的听众也将共享的）那些目标和价值，最好的政府形式会是什么。有时会证明最好的政府形式与现有的形式非常接近；有时则差别甚大。

以上几个段落的论述是为了表明，政治哲学家何以能够阐明我们思考政治的方式而不必诉诸一种普通人难以接近的特殊真理。这里有一个相关的问题，即这种真正的政治哲学所给予我们的，究竟在多大程度上是一种普遍真理——适用于一切社会和一切历史时期的真理。或者，我们能够期待的最好的东西不过是局部知识，即只与我们今天生活于其中的独特社会类型有关的知识？

我要给出的答案是，政治哲学的关注重心随着社会和政府的变化而变化，尽管其中有些事项长久以来在我们的记载范围内一直存在。这些持续存在的问题中最基本的是关于政治和政治权威的问题,我将在下一章进行论述。我们为什么非得要有政治?无论何人,他/她有权强迫另一个人去做违背自己意愿的事情吗?当法律不符合我的要求时我为什么还要服从它?但是在另一些情形下,问题或答案抑或二者同时随着时间的推移而发生了变化,我们需要弄清楚为什么会这样。

原因之一是社会的变迁开启了前所未有的可能性,或者相反,使以前存在的可能性关闭了。譬如说,想想作为一种统治形式的民主。几乎今天所有的政治哲学家——至少在西方社会——都理所当然地认为好政府必然具备民主因素;人们必须以这种或那种方式进行统治(如我们将在第三章看到的那样,这为民主在实践中的真实含义留下了大量的争论空间)。而在此之前的许多世纪,相反的观点占据着主流:好政府意味着由睿智的君主、开明的贵族、有钱人或者是他们的某种联合来实施统治。那么可以说我们是对的,而我们的先辈们完全错了吗?不,因为民主看来需要特定的前提条件才能顺利运行:它需要有一定经济基础且有文化的社会公众,需要大众传播媒介促成观念和意见自由流通,需要得到人民尊重的运转良好的法律体系,等等。这些条件只在相当晚近的过去才出现,此前在任何地方都不具备,也无法在一夜之间被创造出来(古代雅典常被视为一个例外,但有必要记住,雅典式"民主"仅仅涵盖了城市人口的一小部分,而希腊人自己也承认,妇女、奴隶、外邦居民是被排除在外的)。所以先前的哲学家们不把民主视为一种统治形式,并没有什么错。甚至卢梭也说,民主只适合上帝,而不适合人类。而我们前面已经看到,他本身就是民主观念的一个重要来源。考虑到这些主要的条件,我们今日所理解的民主在当时并不是一种可行的统治形式。

另一个关于政治哲学主题变迁的例子是我们今天赋予个人自由选择的价值。我们认为，人们应该自由地选择他们的工作、伴侣、宗教信仰，穿什么衣服、听什么音乐，如此等等。我们认为，每一个人都应该去发现或创造最适合自己的生活方式，这一点是很重要的。设想有这样一种社会，身处其中的人们为了生存而注定要跟随自己父母的脚步，没有什么职业选择，没有什么娱乐，统一的宗教，等等。在此情况下选择自由有什么意义呢？在这里，另一些价值变得远为重要。这就是大部分人类历史中的社会状况，所以毫不奇怪，我们发现只是在过去的几个世纪里，政治哲学才确立了个人选择的至上价值，比如我将在第四章讨论的约翰·斯图亚特·密尔[①]的《论自由》。

在本书中，我努力在政治哲学的基本问题与那些新近才被提上该学科研究日程的问题(如第六章所探讨的妇女及文化少数派的权利主张)之间保持一种平衡。这种努力并非易事：当下的政治话题太容易一叶障目，使那些作为政治之普遍基础的基本问题被抛诸脑后。要克服这种倾向，一个有效的补救方法即是回溯到锡耶纳，让洛伦泽蒂的壁画来再次提醒我们政治权力构成方式的重要性——它能导引贫富，决定生死。这一点也是下一章内容的叙述起点。

我还试图在展示关于这些问题的已有对立观点和提出我自己的看法之间，保持某种平衡。我的目标是要解释，当无政府主义者与中央集权论者、民主主义者与精英主义者、自由主义者与独裁主义者、民族主义者与世界主义者等等进行争论时，

① 密尔(1806—1873)，英国古典自由主义思想家，代表作为《论自由》和《代议制政府》。

双方的分歧在哪里。但是,声称自己在以某种完全中立、超然冷静的视角来审视这些争论是不诚实的。人们也不可能用这种方式来写作政治哲学。所以,虽然我尽量不去吓唬读者,使之相信现时代争论最为激烈的那些问题只有一个可接受的答案,但我也不打算掩饰自己的个人倾向。如果你不同意我的看法,我希望你能找到在公正提出的论辩中支持你那一方的理由。当然,我更希望你能被支持**我**这一方的理由所说服。

第二章

政治权威

如果有人问我们今天是如何统治自己的,即我们在什么样的安排下共同生活于社会之中,答案肯定是我们被国家统治着,国家行使前所未有的权力对我们的生活施加影响。它不仅为我们提供基本保护,使我们免遭人身和财产的损害;还以无穷多的方式对我们进行管理,制定我们借以谋求生存、与人交流、来回旅行、养育孩子等等的规则。同时它还为我们提供范围广泛的福利,从卫生保健、教育一直到道路、住房、公园、博物馆、运动场以及诸如此类的东西。说今天我们都是国家的傀儡并不为过。当然并非所有国家在履行这些职能方面都同样成功,但是没有人能从隶属于一个失败的国家中受益。

从人类历史的角度来看,这是很晚才有的一种现象。过去,人类社会通常以小得多的规模来统治自己。在部落社会,权威掌握在村庄长者的手中,他们开会解决部落成员间发生的一切争端,或对部落的规范作出解释。当更大规模的社会出现时,譬如汉朝统治下的中国或中世纪的欧洲,仍然没有任何可以称得上国家的东西。尽管国王或皇帝拥有最高权威,但日常治理是由地方领主及其属下官员来进行的。他们对人民生活的影响也非常有限,因为他们既不想对人民管制得这么严密(也许除了宗教事务之外），当然也不打算提供现代国家所提供的大部分物品和服务。政治权威以这样一种方式被织入社会结构中去，它的存在相对而言似乎是无可争议的。发生的争论在于事实上应该由谁来行使它（国王依靠什么权利来实施统治？），以及它是否应该在不同的实体（比如国王与牧师）之间进行分割。

然而，现代国家首先在西欧、随即在几乎所有其他地方的出现，意味着政治权威问题成了过去五百年间政治哲学家们关注的对象。现在有一个机构声称有权以各种方式来统治我们的生活。有什么能够证明其正当性？在何种情形下（如果有的话）国家可以行使合法的政治权威？作为普通公民，我们在多大程度上有义务去服从它制定的法律、遵循它的其他指示？在我们于下文继续探讨如何最好地组织国家——政府形式应该是怎样的——以及应该对国家权威设立什么限制之前，需要先解决这些最基本的问题。

当我们说国家行使政治权威时，我们指的是什么呢？政治权威有两个方面的意思。一方面，人们普遍承认它是权威，即拥有命令他们以特定方式行事的资格。譬如说，当人们服从法律时，常常是因为他们相信制定法律的实体有权这样做，而自己有相应的服从义务。另一方面，拒绝服从的人们会在制裁的威胁下被迫服从——破坏法律的人会被抓住并受到惩罚。这两个方面是相互补充的。除非大多数人在大多数时间出于相信其合法性而服从法律，法律体系是无法运行的：首先是需要大量官员来执行法律，随后就会出现谁来对**他们**执行法律的问题。同样地，那些的确是出于义务感而遵守法律的人，也会因为知道违法者将很可能受到惩罚而被鼓励去遵守它。我不从邻居那里偷窃，因为我尊重他的财产权。我期待他也同样尊重我的财产权，但我知道如果他不尊重的话，我能够让警察把我的财产拿回来。因此，自愿服从权威的人们知道自己得到了保护，不会被心存不良者占便宜。

这样，政治权威就把真正的权威与被迫的服从结合起来了。它既不是纯粹的权威，像智者那样，他的门徒不受任何强制地听从他的指示；也不是纯粹的强制，好像一个夺走你钱包的持枪者；而是二者的混合物。但问题仍然在于，我们为什么需要它？毕竟，政治权威——尤其是当它由现代国家这样强有力的实体来行使时——将许多不受欢迎的要求强加于我们，其中有一些(比如交税)使我们在物质上遭到损失，另一些则迫使我们去做自己在道德上抵制的事情(比如在我们所反对的战争中作战)。如果无政府主义者声称没有政治权威社会也能很好地管理自己，国家本质上不过是谋求当权者利益的一种非法勾当，我们能作出何种回答呢？

本章稍后将回到无政府主义对国家的替代选择，但我首先要像其他人以前做过的那样为政治权威辩护：请读者想象一下没有政治权威的社会生活——将警察、军队、法律体系、文官系统以及国家的其他分支机构全部拿走，这时会发生什么呢？

也许可以在托马斯·霍布斯出版于1651年的《利维坦》中找到循此思路的最著名的思想实验。我在第一章中提到，霍布斯经历过英国内战所导致的政治权威的局部崩溃，他所描绘的缺乏政治权威的生活景象是极为惨淡的。他把没有政治统治的“人类的自然状态”描述为一种为了生活必需品而残酷竞争的状态，人们处在持续的恐惧当中，担心遭到他人的抢劫或攻击，因而总是倾向于首先攻击他人。其结果被概括在常被引用的一段话中：

> 在这种状况下，产业是无法存在的，因为其成果不稳定。这样一来，举凡土地的栽培、航海、外洋进口商品的运用、舒适的建筑、移动与卸除那些须费巨大力量的物体的工具、地貌的知识、时间的记载、文艺、文学、社会等等都将不存在。最糟糕的是人们不断处于暴力死亡的恐惧和危险中，人的生活孤独、贫困、卑污、残忍而短寿。[①]

有时人们会说，霍布斯之所以得出这种悲观的结论，是因为他相信人的天性是自私、贪婪的，如果没有政治权威的约束就会试图为自己攫取尽可能多的东西。但这种说法没有抓住霍布斯观点的核心，即在信任缺失的情况下人们之间的合作是不可能的，而只要没有超越众人之上的权力来执行法律，信任就不会存在。霍布斯描述的“自然状态”中所没有的那些东西，首先需要许多人在一起工作才能获得；这些人将期待他人也会尽到自己的职责，而在没有政治权威的地方，心存任何这样的期待都是不安全的。如果我和别人达成协议，却没有法律来保障其执行，我凭什么能指望对方遵守协议呢？就算他愿意遵守协议，也会对我产生同样的疑虑，从而断定这样做太冒险了。霍布斯声称，在这种情形下只能小心翼翼地作最坏的打算，尽你所能采取任何措施以保护自己免于死亡的威胁；要做到这一点，就得积聚相对于别人而言尽可能多的力量。说到底，正是因不信任而产生的对他人的恐惧，把没有政治权威的生活变成了“一切人反对一切人的无休止战争”。

① 本段译文引自霍布斯的《利维坦》，黎思复、黎廷弼译，商务印书馆1985年版，第94—95页。

图 3　托马斯·霍布斯，政治权威的辩护者。

霍布斯的悲观论调是否正确呢？他的批评者指出，我们只需环顾四周，就能发现在没有国家或国家分支机构介入的情况下，人们相互信任、相互协作甚至不期待任何回报地相互帮助的大量证据。譬如说，一群街坊可以共同决定修葺一块废弃的儿童操场，成立团队，分派工作，每个人都可以指望其他人完成各自的那一份工作，而用不着任何法律协议或其他强制手段。人类的本性并不像霍布斯所描绘的那样。但是这种看法在某方面未能抓住要害。尽管霍布斯也许的确对人类本性作了过低的评价（曾经有人发现他塞钱给一个乞丐，他只能解释说自己这样做只是为了减轻看到乞丐所产生的不适感），他真正的观点是，在权威坍塌后接踵而至的恐惧氛围下，人类天性中更值得信任的良善的一面会被湮没无存。从我们所知道的人类在被卷入内战和其他困境、生存本身受到威胁时的行为表现来看，他似乎是对的。

所以，我们需要政治权威，因为它给我们以安全，这种安全让我们能够信任他人。在信任的气氛中，人们能够合作创造出霍布斯所列举的显然不存在于"自然状态"中的所有那些好处。但是，我们怎样在没有政治权威的地方造出权威来呢？霍布斯设想所有人集中起来相互缔约，成立一个主权机构，此后就由它来进行统治；或者另一种选择，他们可以个别地服从一个强有力的人，比如一个能征善战的将军。在霍布斯看来，谁拥有权威无关紧要，只要权威是不受限制、不被分割的。在这里，我们也许会和他产生分歧。但在更周密地考察权威应如何构成之前，我们应该先看看有没有别的办法可以避免"自然状态"。不管霍布斯说了些什么，在政治权威缺失的情况下社会合作究竟有没有可能呢？

无政府主义者相信这种合作确实是可能的。尽管无政府主义者总是一个很小比例的少数，我们也应该听听他们的声音：作为政治哲学家，我们义不容辞要对习惯性常识加以检验，所以不能不考虑其替代选择就把政治权威视为理所当然。这里我们有两种不同的选择方向，即无政府主义者本身大致可以分成的两类，一类指向**社群**，另一类指向**市场**。

政治权威的社群主义替代选择把面对面的社群看成是积木，它们使人们之间的信任和合作成为可能。在一个小的社群中，人们在日常生活中相互影响，每个人都知道谁是、谁不是社群的成员，维持社会秩序相对比较容易。任何人要是攻击其他人、拿走他们的财产或者拒绝履行其在社群中的分内工作，就会受到某些显而易见的惩罚。随着其声名狼藉，其他人将会指责他，也许还会拒绝以后和他一起工作。他会在社群会议上遭到谴责，甚至干脆被要求离开。所有这些的发生，都不用强迫为恶者做任何事情或者让其受到任何正式的惩罚——这就是为什么我们将其描述为政治权威的替代选择，而不是政治权威的一种形式。人类最重要的动机之一是希望得到周围人们的接受和尊重，在小社群的背景下它使合作成为可能，即便人们并不是圣徒。

社群主义的无政府主义者主张，在由这样的社群组成的社会中，更大规模的合作也将成为可能。自然而然地，社群之间将会容许相互交换服务——比如它们会在制造不同种类物品方面进行专业分工，会在需要大规模运作的项目上合作，比如创建交通系统或者邮政服务。达成这些协议是符合每个社群的利益的，对于违反协议的惩罚就是，如果被证明是不值得信任的，以后就没有人愿意跟你的社群合作。在此情况下同样不需要一个中央权威来告诉人们做什么，不需要使用强制权力来迫使社群合作——系统将会有效地自我管理。

这种没有国家的田园诗般的生活图景背后有什么问题呢？一个主要问题在于，它要依赖团结紧密的小型社群作为社会秩序的基础，这在过去也许是一个合理的假设，但今天已经不再是了。现代人生活在高度流动的社会中，一方面人们可以相当自由地迁徙，另一方面可以合作的新的对象无处不在（不幸的是，他们同样可供利用）。无政府主义者所描绘的图景并非一派胡言，但其前提假设是我们随着时间的流逝只和同一群人发生互动，因而我们的行为方式在这个群体中成为人所皆知的事实。它还假设被群体排除在外的可能性对于反社会行为来说是一种强有力的威慑，但是在一个大规模、流动性高的社会中，这种假设并不成立。因此我们需要一个法律体系，可以抓住并惩罚伤害他人的人，允许我们订立有约束力的协议并能对违约者施以处罚。

社群之间的合作也不像无政府主义图景所设想的那么简单明了。因为成员对自己所在社群的忠诚，常常伴随着对其他社群的相当强烈的不信任，从而协议可能会由于如下原因而崩溃：对于假定由我们共同完成的任务，我们这一方不能确信你们那一方会作出公平分摊的那份贡献。首先对于怎样才算公平的问题，也许我们就不能达成一致。假设我们要在没有中央权威的情况下建造一个遍布全社会的铁路网。每个社群应该分摊多少财力供给？应该按人头平均分摊，还是让富有的社群分摊更大的比例？如果我所在的社群位于偏远地区、需要更多的投入才能连接到铁路网的话，应该由本社群独自承担额外的费用，还是由所有社群平等分摊呢？对这些问题没有简单的答案，也没有理由认为许多地方社群可能就这些问题自发地达成一致。相反,国家可以**强加**一种解决方案:它可以**强令**每个人或每个社群贡献特定的份额,比如说通过税收。

现在让我们将目光转向无政府主义者对政治权威和国家的另一种替代选择,这种选择依赖于经济市场。这当然是伴随着现代世界的特质而出现的,因为市场已经被证明是一种促成大规模人群共同工作的强有力的手段,它为我们提供了我们所需要的大部分物品和服务。但是,它能代替国家吗?

市场无政府主义者——有时也被称为自由意志主义者——声称我们可以个别地订立契约、支付费用,以获得现在由国家提供的那些服务,包括至关重要的人身保护在内。在国家保障缺席的情况下,公司或商号将为客户和他们的财产提供保护,其中包括取回被窃走的财物、完成契约履行、获得人身伤害赔偿。所以如果我的邻居偷了我的东西,我不用叫(公共)警察,而会去找保护我的代理公司,他们将以我的名义对讨厌的邻居采取行动。

但是如果邻居抵制我的要求并找来**他的**代理公司——当然和我的不是同一家——结果会怎样呢?自由意志主义者声称,如果两家代理公司不能达成一致,他们会求助于一个仲裁者,后者同样要为其提供的服务收取费用。卷入争斗毕竟不符合任何一家代理公司的利益,所以将会有一个提供保护服务的初级市场,然后会有一个提供解决争端的仲裁服务的二级市场——当然,前提是所有人都选择同一家代理公司(但为什么会出现这种情形呢?)。目前由国家提供的其他服务也将移交给市场——人们将为健康保险付费,为子女教育付费,为使用公路付费,等等。

这个体系真能使政治权威显得多余吗？保护代理公司需要使用强制力来保护客户的权利。如果我的邻居在财物被确定合法归我所有的情况下仍不肯还给我，我的代理公司就会派遣有力的大汉把它取回来。但是现在仍然没有严格意义上的权威，因为我的邻居没有义务认同我的代理公司——他总是可以抵抗；要是不喜欢代理公司的行事方式，我也可以另换一家。看来，这确实是对国家的一种无政府主义的替代选择，但它是一个**好的**选择吗？

或许下面这种设想看起来很诱人：各种各样的代理公司都同意执行同一套规则来处理财产纠纷和诸如此类的事情，同意在发生纠纷时诉诸独立的仲裁。但他们为什么要这么做呢？一个代理公司为了争取顾客，也许会承诺为了顾客利益而不分青红皂白地去斗争——也就是说，即便从大多数人所接受的标准来看顾客是错的。一旦有几个这样的公司进入市场，其他公司就不得不作出反应，采用同样具有侵略性的策略。这意味着愈来愈多的争端将不得不依靠身体暴力来解决，普通人则面临着置身于交叉火力之中的危险。我们将会重新陷入霍布斯所说的"一切人反对一切人的战争"状态，在这种状态下每个人唯一的理性选择就是与最有可能赢得大多数争斗的代理公司签订协议。但结果将是创造出一个组织，它拥有权力和权威将同一套规则体系强加于每个人身上——换言之，我们无意之中已经重新创造了国家。

依靠市场来执行目前由国家履行的所有职能还存在另一个问题。这些职能中有一项是提供我们所说的"公共物品"，即每个人都能享用、没有人能被排除在外的好处。公共物品以多种多样的形式出现，例如干净的空气和水，抵御外敌的防卫工事，公路、公园、文化设施、传播媒介的使用权，等等。这些物品的提供可以通过对人们施加约束来实现——例如政府要求生产厂家控制向空气中排放有毒气体，也可以通过征收税款并用财政收入来支付公共广播、交通系统、环境保护等费用来实现。这些物品能够通过市场来提供吗？市场运行的基础是人们为自己想要使用的物品和服务支付费用，公共物品的问题恰恰在于它们是为所有人提供的，无论他们是否付费。当然，如果人们意识到所提供物品的价值，他们可能会自愿出资：维护费用高昂的老教堂在某种程度上要依靠前来参观的游客往门口的箱子里放钱才能支撑下去。但是搭便车的诱惑太强大了，而且许多公共物品是我们在享用却没有意识到的（早上起床的时候，我们并不认为拥有可呼吸的空气和不受他国侵略有多幸运；我们把这些事情视为理所当然，除非它们出了问题）。所以，看起来我们需要拥有强制权的政治权威，以保证这些物品的供给。

自由意志主义派无政府主义者提出的巧妙辩论试图表明公共物品可以通过市场来提供，或者由联合起来、允诺贡献各自产品的人们来提供。这里无暇考虑所有这些观点，在政治哲学中总是有更多的争论要进行。但我希望以上的论述已足以表明，为什么社群和市场都不能**替代**政治权威及其现代化身——国家，尽管它们在人类生活的许多领域都很重要。当国家对我们实施管制、向我们收取税款、征召我们服役或以其他种种方式侵入我们的生活中的时候，我们会很讨厌它，但要是没有它我们就无法很好地生活。真正的选择不是要不要政治权威，而是要什么样的权威以及权威的限度何在。这就是以下几章讨论的主题。但我们仍没有完全解决权威本身的问题，还有一个至关重要的问题需要回答：当这种权威让我去做自己不喜欢或不

图 4　无政府主义如何看待政治权威：俄国漫画，1900。从顶端开始按顺时针方向，图中文字依次为：我们主宰你们；我们愚弄你们；我们吃垮你们；我们射杀你们；我们统治你们。

赞成的事情时,我为什么应该服从它?政治哲学家们称之为"政治义务问题"。

你或许认为,在说明我们为什么需要政治权威的时候,这个问题已经得到了回答。但事实上,譬如说,在承认英国政府有权制定法律、征收税款与认为我个人必须服从这些法律、缴清我的税单之间,仍然是存在差距的。这并不是说似乎我拒不服从就会导致政府垮台,或者严重妨碍其维持社会秩序的能力。所有国家都要设法承受大量的违法和逃税行为。如果只考虑自己行为的后果,我也许有充分的理由得出这样的结论:违反法律——比如说把自己绑在一座历史建筑的大门上不让推土机通过,以阻止地方政府将其铲除——或者把本用来交税的钱拿去资助牛津饥荒救济委员会①,这样做将会得到更多的好处。那么,我为什么应该服从法律呢?

当然,原因之一是如果我不服从的话可能会受到惩罚。但我们这里要找的是一个更具道德原则性的服从理由。有些政治哲学家断言这个问题是无法解决的。他们说,只有当我有完全自足的理由去服从法律时才应该这样做,这些理由与法律来自于合法权威这一事实毫不相干。另一些人则试图提供积极的解决方案,而这里要考虑的方案事实上太多了。我将只考察其中的两种,第一种是因为它在历史上曾经最为流行,第二种是因为我相信它在很大程度上是正确的。

第一种方案声称,我们不得不服从法律,因为我们已经答应或者同意这样做。这种观点的吸引力是显而易见的。假设我前往居住地的足球俱乐部并要求加入。星期六我到了赛场,但我没有按照规则去比赛,而是坚持把球捡起来抱着奔跑。俱乐

① 英文名Oxfam,全称为Oxford Committee for Famine Relief。

部会员们肯定会非常气愤。他们会说，既然参加俱乐部，我就已经同意按照通常的规则来踢球，无论我有没有签署表达这种意思的明确协议。如果我争辩说允许人们抱着球跑比赛将更加有趣，定会立刻遭到嘲笑。他们会说，这是一个**足**球俱乐部：任何参加者都不言自明地接受了通行的足球规则。

然而，当我们将争论从足球俱乐部转向国家时，困难就开始出现了。因为一般而言，人们并没有选择加入国家：他们只是被要求服从国家，无论他们喜不喜欢。那么他们在什么意义上表示了同意呢？霍布斯认为，我们选择隶属于国家是因为它比自然状态——如我们所见，在这种状态下生活是“卑污、残忍而短寿”的——更加优越，至于国家如何产生则无关紧要。即使我们在刀剑威胁下屈从于一个征服者，我们仍然是同意了他的权威，因为我们要借此逃避更糟的命运。但这已经对同意的概念作了延伸，使之超出了认可的范畴。足球俱乐部之所以成为一个有说服力的例子，在于其成员是自由选择加入的。

后来的作者们反对霍布斯关于义务和同意的论述，他们试图找到某种处于屈服于国家这一简单事实之外的东西，用它可以说明我们对法律的同意。例如约翰·洛克[1]在《政府论下篇》(1689)中指出，我们都愿意接受国家所带来的好处，这种接受可以被视为同意的一种形式。尤其是，既然国家的主要职能之一是保护我们的财产，那么举例来说，当我们通过购买或继承获得财产的时候，我们就不言而喻地同意了国家对这种财产的管辖权，从而也同意了国家的法律。洛克认为，这甚至也适用于仅仅寄宿一个星期或者在公路上旅行的人。然而问题仍然在

① 约翰·洛克(1632—1704)，英国经验主义哲学家、政治思想家，代表作为《政府论》。

于，我们的确没有什么余地去选择是否接受这些好处：没有某些财产我们就无法生存，即便它只是食物和衣服；即使要逃离某个国家，我们也不得不沿着公路到达其边界。因此，说任何人只要享受国家福利就是表示了她的同意、就有义务服从法律，仍然是过分延伸了同意的概念。

最近有些政治哲学家声称，当我们参与选举的时候，就已经同意要服从选举出来的政府和由政府颁布的法律。这种说法似乎更有希望被接纳：至少我们还有选择去不去投票的自由，并且除非人们承认选出来的政府是合法的，否则选举就没有意义了。然而不幸的是，在投票和表达你的同意之间似乎仍然有所差异。要是你对两个政党都极不赞成，只不过考虑到其中一个没有另一个那么糟糕而去投票呢？或者要是你在某种意义上同意当选政党在竞选陈述中提出的总体政策方案，却对其中的几项感到反感，而你又没有机会就这些政策分别投票呢？也许选民的同意有助于解释政府为何拥有合法权威，但却不能解释个体的公民为什么有服从法律的义务。

除同意之外，还有一种更可指望的方式能够表明这种义务的存在，即诉诸公正或“条件公平”。举例子仍然是表达基本观点的最好方式。假设我们一群人生活在一所房子里，共用一间厨房。大约每周由一位住户收拾厨房，对厨具和台面作一次真正彻底的清洗。其他人都已经做过了例行清洁，现在轮到我花半个小时来擦洗炖锅和操作台了。我为什么应该干这些活？我已经从其他人所做的工作中获得了好处——享有干净的厨房来准备晚餐——所以我也应该付出自己的那份代价，在这个例子中就是些许的体力劳动。如果不履行我的职责，我就是在占其他住户的便宜，这不公平。请注意，这里我们用不着假设我已经答应或同意轮流值班:我的义务源自这一事实,即我是这种要求所有人轮流作贡献的做法的受益者。

这种观点怎样转化为政治义务呢?遵守法律以及服从更广意义上的政治权威意味着放弃本来可能属于你的机会。我们每个人都希望做自己喜欢的事情,想从尊重他人权利、交税、遵守交通法规等负担中解脱出来。而且,服从规则对于他人而言就是一种好处:当你交税的时候,其他人就从用税收来负担的道路、学校、医院中获益;当你在红灯前停车的时候,其他在绿灯下穿行的驾车者就会更加安全。所以看来似乎是这样:违反法律却从其他人遵守法律的事实中获得好处的人,是在以不公正的方式行事,就像使用厨房却拒不履行清扫之责的人一样。

不过外表可能具有欺骗性。如果要用条件公平的论辩来证明政治义务的正当性,至少有两个困难需要克服。一是必须表明国家所提供的好处确实能让所有人获益。比如说,要是法律保护财产,却只有部分人是财产所有者呢?或者,用税款设立一个艺术画廊,而许多人对艺术并不关心呢? 但这一论辩仍然是有效的,只要国家所提供的整个**一揽子**好处能使每个人的境况得到改善,而且这些好处由所有公民——他们的服从使权威体系成为可能——相当公平地共享。也许我从不去参观画廊,但我确实使用了居住地公园免费提供的足球场地。

提到公正,就把我们引向了第二个困难。在厨房的例子中,我们理所当然地认定住在房子里的每个人都以大致相同的频率使用厨房,所以也应该平均分摊清扫之责。可要是有人两个星期才在那里做一次饭呢?她也必须和其他人一样频繁地清扫吗? 我们能否说她就得这样,因为毕竟只要愿意她**可以**更频繁地使用厨房,在她需要的时候厨房也是随时可用的;还是说我们应该根据她实际使用的情况,设法对她需要承担的任务作出调整?我们可以把这些问题称为实质公正问题。从成本和收益在个体参与者中公平分摊的角度来看,似乎条件公平的主张对于实质公正的做法最为适用。但是如果从简单的厨房案例转向整个社会,我们就遇到了麻烦。考虑到人们的需要、能力、偏好等等各不相同,怎样才能对社会成本和收益进行公平分配呢?要是成本和收益在社会中的**实际**分配方式远远达不到这一理想(似乎这是很有可能的),我们能否继续声称每个人都有义务服从法律以维持公平的实践呢?

看来对政治义务问题我的首选解决方案还要处理好社会正义的问题——我们将在第五章进行探讨。但是暂且假定我们已经证明社会是完全公正的,社会成员也有义务去遵守法律。这是否意味着他们永远不能正当地违反法律呢?又是否有什么其他原则超越政治义务呢?包括霍布斯在内的政治哲学家们常常辩称,没有对政治权威的严格服从,权威就将湮没无存。但在实践中似乎只要人们大致(而不要求总是)倾向于服从,国家和其他形式的政治权威就能存在下去并有效运行。这开启了有限不服从的大门,尤其是人们所称的**公民不服从**——一种不合法而又非暴力的政治抗争形式,目的是向政府施加压力以促使其改变政策。对公民不服从的辩护在于:如果某一特定的法律是极不公正或难以忍受的,或者国家在作决定时拒不考虑少数群体的想法,他们就可以在合法抗议无效时正当地违反法律。换言之,政治义务并非在一切场合都有约束力。我们可以有服从法律的一般性义务,在极端情境下又能正当地非法行事。

在这里民主政体有什么差别呢?一种普遍观点认为,公民不服从也许是一种反抗威权政体的可接受的方式,但在公民拥有言论自由以及和平抗议权利的民主国家，它无法证明自身的正当性——这里的政治义务要更加严格。但这就意味着，民主的政治权威中存在某种特殊的东西，将它与政治统治的其他形式区别开来。这种独有的特质是什么？这就是下一章要讨论的主题。

第三章

民主

我们已经看到，为什么好政府（至少是在大规模的现代社会中）要求建立、维持一个政治权威体系。我们在前面跟随霍布斯的思路阐明了为什么政治权威是必不可少的，霍氏认为有必要创造一个绝对主权——一个不可分割的权力来源，它的律令不受任何世俗的限制（霍布斯相信主权仍有服从上帝的义务）。这个主权实体不一定是一个单独的人——君主，但霍布斯认为这种形式是最可取的，因为君主的意志不同于群体的意志，它持续存在而且不会受制于内部的分裂。但是霍布斯的这一观点从写下来的那一刻起就遭到人们的质疑，他们认为，用一个可以任意处置自己属民的生命及其财产的全权君主来取代不安全的自然状态，无论其主观愿望如何，结果都将是每况愈下。正如约翰·洛克的著名评论所称的：

> 人们是如此愚蠢，他们小心翼翼地不让**臭鼬**或**狐狸**伤害自己，却心甘情愿地被**狮子**吞食，还认为这很安全。

霍布斯对这种批评的唯一辩护是，审慎的君主会希望自己的属民繁荣富庶，因为他自己的权力最终依赖于此。但是看看历史我们就会得出结论：确实很少有君主是审慎的。政治权威是正当的，因为它提供条件让人们可以过上安全、繁荣的生活，我们也确切无疑地希望它这样做。将所有事情都托付给一个绝对君主，实在是太冒险了。作为一种替代选择，我们会建议把权威交到我们所知的睿智而有德性、深切关心民众利益的那些人手中。这是在为贵族制辩护，这种制度的字面含义就是“由最好的人统治”。至少在19世纪中期以前，这种观点一直为大多数政治哲学家所服膺。但问题是要确定统治者究竟应该达到何种“善”，再找到某种方式去挑选表现出这种品质的人。这已被证明是难以做到的：在实践中，贵族制意味着由出身高贵的人、财产充裕的人或者受过教育的阶层来统治，因时因地而有所不同。即使人们可以证明来自这些阶层的人拥有其他人所不具备的政治技巧，仍然存在另一个问题：他们具有与多数人的利益相分离的自身利益，凭什么相信他们不会破坏共同的善来追逐私利呢？

因此，以民主的方式构建政治权威的做法渐成趋势。它依赖于两个基本假设：第一，没有人天生比其他人优越，因此他们之间的任何权威关系都需要证明其正当性；换言之，每个人都应享有平等的政治权利，除非能够证明所有人都从不平等中获得了好处。第二，保护人民利益的最好方法就是使之成为政治权威的终极来源，让任何被委以特殊权力的人都必须向作为整体的人民负责。但是作为整体的人民究竟应该在政府中扮演什么角色，仍是一个悬而未决的问题。他们是否应该像卢梭在《社会契约论》中所说的那样直接参与立法？如果是的话又该怎样参与？抑或他们只能间接地参与其中，挑选议员来代表自己行使权力？

在实践中，我们知道，被称为民主的那些政治体制只为公民在政府中提供了非常有限的角色空间。他们被赋予在定期选举中投票的权利，偶尔有重大宪法问题需要决断时会以全民公决的方式征询他们的意见，也允许他们结成团体就与自己有关的问题游说议员，但这些就是公民权威的极限了。决定民主社会之未来的真正权力显然是掌握在少数人——政府部长、公职人员以及(某种程度上)国会议员或其他立法机构成员——的手中，我们自然会问为什么是这样。如果民主是政治决策的最好方式，为什么不把它变成现实，让人民自己对重大问题直接作出决定呢？

对此一个常见的答案是，让数百万普通公民卷入当今政府必须作出的数量庞大的决定中是完全不切实际的。这样做不仅会使政府陷于瘫痪，公民自己也将没有时间去做那些在多数人看来比政治更重要的其他事情。但这个答案并没有充分的说服力，因为不难设想，可以由公民作出总体政策的决定，然后将具体实施的任务交给部长和其他人等。电子技术革命意味着现在很容易征询公民对范围极广的问题的看法，从战争与和平、税收与支出直到动物福利和环境问题。为什么只在召集全民公决的极少数场合才这样做呢？

原因是有一种广为流传的信念，即普通人完全没有**能力**理解政治决策背后的那些问题，所以他们乐意将决定权让渡给他们认为更有资格解决这些问题的人。这一观点最强硬的论述，可以在约瑟夫·熊彼特[①]的著作《资本主义、社会主义与民主》(1943)中找到。书中说道，公民所应做的就是选择一支领导者

① 熊彼特(1883—1950)，奥地利裔美籍经济学家，代表作为《资本主义、社会主义与民主》。

队伍来代表自己，而不是试图直接解决问题。譬如，熊彼特声称，在经济交易中人们可以直接体验到自己所作决定的后果——如果他们买了有缺陷的产品，立刻就会发现自己的失策——而对政治决定来说则没有这样的反馈机制，结果人们会远离真实、不负责任地行事。

> 因此，典型的公民一旦进入政治领域，其智力就会降到更低的层次。他以某种方式进行争论和分析，在关乎切身利益的领域他会坦率地承认这种方式是幼稚的。他重新变成了一个原始人。

这些论述很有说服力，它留给我们的真正启示是，我们所能期待的最好东西是有时人们所称的“选举的贵族制”。在这种制度下，普通公民所能要求的一切就是能够认可有能力的人代表自己作决定（如果被证明无法胜任的话也能投票把他们赶出政府）。无论具有其他的什么美德，这样一种制度都很难配得上民主的理想，即政治权威必须掌握在作为整体的人民手中。那么对于熊彼特的怀疑主义论调，我们该如何应对呢？让我们更仔细地看一看，作出政治决定要涉及哪些因素。

从根本上说，政治决定需要先进行政治**判断**，即当存在几种未定的选择而又不能就什么是最佳选择达成一致的时候，应该做些什么。影响这种判断的因素有哪些呢？首先是关于作出一种或者另一种选择将会导致什么后果的事实信息。譬如，某种税收的增加将对经济产生什么影响？其次是关于将受决定影响者的真实偏好的信息。例如，假定增加税收是为了投资建设新的体育设施，那么有多少人真正需要这些设施、他们又在多大程度上需要这些设施？再次是一些道德原则上的问题。为了体育设施建设向所有人征税是否**公平**，是否应该让将要使用这些设施的人来负担？

大多数情况下，作出政治判断要涉及所有这三个因素，尽管在不同例子中它们的组合方式各不相同。有些问题主要是技术性的，只要我们能够就关键性的事实问题达成一致，就能水到渠成地作出决定了。比如在批准一种新药之前，我们要弄清它是否经过恰当的检验并被证明是安全的，但只要完成了这一步，就可以例行公事地放行了。在另一些情况下，道德原则问题是首要的。比如关于死刑应该被采用或专门适用于特定罪犯的讨论。这里也涉及事实信息——死刑对于这些类型的罪犯有多少威慑效果？无辜者被判有罪的可能性有多大？——但对大多数人来说，关键问题是我们在道德上是否允许将剥夺另一个人的生命作为惩罚。

最难作出判断的是那些同时涉及所有三种因素的问题。想一想英国当前关于允许还是禁止猎狐的争论。这里关系到事实问题：猎狐对于控制狐狸数量起了多大的作用？彻底禁猎会对乡村经济造成什么影响？这里也有偏好问题：对于目前正在猎狐的人来说，让他们继续猎狐而不是，比如说，沿着茴香小径追逐猎犬，这两者有多大差别呢？其他的乡村居民想要继续猎狐吗，或者他们已受够了马匹和猎犬踩踏田地、毁坏篱笆？最后，这里还有道德问题：个人自由包括猎狐的自由吗？抑或狐狸和其他动物也有包括不被捕杀在内的权利？大多数人在作决定时都会考虑所有这些问题，这就是为什么很难就这件事得出一个合理的判断。当然，在实践中人们对诸如此类的问题确实有着强硬的观点，但也许这恰好表明，熊彼特关于普通公民在政治问题上的能力水平的评论是完全合理的。

但现在让我们问一句，依次考虑政治判断的每一个要素，我们能否指望那些被选出来作为代表的人会做得更好呢？当代社会妨碍政治决定的最大困难之一在于，许多判断需要具备只有相关领域的真正专家才能提供的事实信息。当一些科学问题处于决策关口的时候这种说法显然是正确的，但它同样适用于许多经济和社会事务，这里的问题是要确定提出的新法律和新政策可能产生什么影响。比如说，大麻种植合法化将会增加还是减少因吸食海洛因或其他麻醉品而死亡的人数？这类问题的答案远非显而易见。一般说来，被选出的政治家和公职人员在回答这些问题时，并不比我们其他人拥有更多的专门知识。他们和我们一样不得不依赖那些确实具备专业知识的人的观点，如果这些人相互间观点相左，他们就得判断谁更加可靠。如此说来，没有理由认为一个选举出来的贵族团体会比普通公众作出更好的判断。

下一个要素是弄清人们的偏好是什么、这些偏好有多强烈，在此你也许有理由认为民主具有决定性的优势。因为在以民主的方式作决定时每个人都有机会发挥作用，所以来自不同社会阶级、不同种族和宗教背景等等的人们，其观点和偏好都能得到倾听，尽管如今统治我们的政治阶级主要是白人、男性和中产阶级。当然，国会议员和其他立法机构成员应该去倾听选民的观点，但是在现实中他们享有极大程度的独立性——至于说他们在压力之下不得不以这种而非那种方式去投票，压力也是来自他们所在的政党，而不是把他们选出来的人民。所以，假如我们想让政治决定尊重将要受其影响的人们的偏好，难道我们不应该去倾听作为整体的人民而非数量很少、不具社会代

JUST TO ENCOURAGE HIM ALONG.

图 5　激起民主的一种方式：政治家们当心了！

表性的少数群体的意见吗？

但在匆忙得出这个结论之前，还有一种复杂情形需要考虑。假定在某一事务上多数人赞成一种政策，少数人赞成另一种政策，但是少数人对它的关切程度却比多数人强烈得多。这种类型的案例是极为常见的，猎狐之争就是一个很好的例子。大多数人对猎狐持有明确的反对意见，即使他们并没有关于动物权利的强烈的道德判断。他们认为这是一种陈旧的、势利的而且一般说来让人生厌的景象；如果有机会，他们会投票禁止这种行为。猎狐者本身是一个数量很小的少数群体，但是他们非常坚决地认为应该允许自己继续打猎。猎狐在许多村庄是一种重要的社会活动，人们要靠它来谋生。关于猎狐的政治判断不仅要考虑偏好双方的**人数**，还要考虑这些偏好的**强度**。让冷漠的多数在所有事务中压倒热情的少数，似乎有失偏颇。

对于这种事务,当选的代表何以可能作出比一般公众更好的判断呢? 原因之一是,他们更有可能受到对该事务感受强烈的少数群体成员的游说。他们或许会在看到争论一方感受的强度时被说服,或许仅仅考虑不致在下次选举时失去选票。而且少数群体可以联合起来,允诺相互支持对方的要求,这样把好几项事务放到一起就可能出现一个多数的联合。这种代议制民主图景有时被称为多元主义,它基于如下假设:人们将行动起来组成团体,以保护他们切身的利益和偏好;而决策者将对这些团体的活动作出回应;除了游说之外,这些活动还包括示威甚或从事非法形式的抗争。

多元主义图景当然有某种正确之处,但政治科学家往往具有怀疑论倾向。因为团体的压力不仅取决于关注该事务的人数及其关注程度,还有赖于团体的组织程度和资源多寡。这就使特定的利益集团,尤其是商业利益集团,具有了内在的优势,他们可以雇用善辩的鼓吹者去游说他们的代表——甚至直接得到当选代表的支持——并花言巧语地威胁,如果其要求得不到满足将会出现什么可怕的后果。所以在代议制度下,少数群体确实能够得到关注,但绝非所有少数群体都能得到同等程度的关注。

现在可以比较一下,如果让全体公众就多数派与少数派偏好不同的某项事务进行投票,将会发生什么情况。这时将没有一个中心点来引导游说活动,任何团体都只能依靠其成员与他们所能找到的尽可能多的公众进行直接接触。资源充足的团体可以利用这些资源发动媒体争夺战——尽管也会受到限制,就像当前许多民主政体对竞选资金支持额度的限制一样。在这种直接民主形式下,他们的影响力要比在代议制中小得多。所以总体上可以认为，少数群体在这种制度下不得不更多地依赖说服、更少地依赖权力和影响力。他们的境况如何，将主要取决于多数派成员是否愿意倾听他们的意见并以改变观点或寻求妥协的方式作出回应。我还会更简略地谈谈协商在民主决策中扮演的关键角色。但在此之前，我们需要关注一下政治判断中的第三个要素，即道德要素。

几乎所有政治决定都会涉及道德原则，而不仅仅是那些所谓的“道德问题”，譬如堕胎或者同性恋合法化。这方面问题可典型表述为一项立法议案是否公平对待了一切个人或群体，或者它是否侵犯了他们的任何权利。对于相关的道德原则，从政阶层的成员是否比普通公民拥有任何更深奥的知识？很难说实情如此：人们常说，道德专家是不存在的。事实上在一个民主社会中，可能存在大量关于支配政治生活的基本原则的共识。所以没有理由认为，如果让公民直接对事务作决定，他们在道德方面会比选出来代表自己的那些人表现得更糟。

可是我们真能把政治判断的这三个要素分割开来吗？抑或专业的政治技能恰恰表现在它能够把相关的事实信息、关于公民利益和偏好的知识以及道德原则**结合**起来，以寻找解决政治困境的最佳方案呢？这个富有挑战性的难题并不那么简单。政治决定通常很难作出：它们要求掌握某些复杂的信息，或者对两种巧妙平衡的道德主张作出评价。必须经常作决定的人常常会在这方面越来越驾轻就熟，但这不是因为他们具备我们其他人所没有的某种特殊的天赋才能。考虑到他们在仔细思考一个问题时所需要的时间和信息，没有理由认为普通公众不会有同样的表现。有证据可以证明这一点：公民陪审团是一种从普通公众当中随机挑选成员的小型委员会，其成立目的在于对诸如卫生政策和交通规划之类的事务进行讨论、提出建议。他们召集具有专业知识的证人提供信息、听取代表不同观点的倡议、自行讨论这些事务,直至最后给出裁决。其讨论之严肃周密、结论之合乎情理,给观察者留下了深刻的印象。

那么我们如何解释,民主社会里的大多数公民在访谈和调查中表现出较低水平的政治知识和政治兴趣呢?比较典型的是他们叫不出那些重要政治家们的名字,说不清各主要政党在政策方面有什么不同,等等。一种解释是,当前所实践的这种民主无法激励人们去获取政治知识或技巧。要求他们做的一切,就是每四年或五年进行一次执政党的选择,而作这样的决定并不需要对政治有多少了解。理解政策的细枝末节常常是多此一举。所以我们面对的是一个鸡与蛋的问题。让普通公众来作重要的政治决定是有风险的,除非他们具备作出良好判断的技巧和信息;但是他们没有获取这些技巧和信息的动机,除非让他们有重要的决定可作。

我们是否应该对如下事实感到忧虑:只要普通公民的角色主要局限于在选举中投票,以及在个人利益受到威胁时的间歇性活动(比如对在自家后院修建新马路或兴建住宅的规划方案作出反应),我们的民主就仍然是不完善的。我想答案是肯定的。我们的"idiot"(白痴)这个词来自希腊文idiotes,它本用来描述那些完全停留在私人世界、不去参加城市公共生活的人。如此说来,如今我们大多数人都是白痴,因为我们没有去操练自己的政治智慧。卢梭认为,把政治权威完全托付给选出来的代表是一种后果堪忧的现代做法:

英国人幻想他们是自由的,这是在欺骗自己;事实上，他们只有在选举议会成员期间是自由的：一旦新的议会当选，他们就重新戴上锁链、什么都不是了。所以从他们对自己那片刻自由的使用来看，他们活该失去自由。

就算我们认为卢梭夸大其词，也应该对此感到忧虑：当代民主政体下的大多数公民如此冷漠，甚至对自己选出的领导人的所作所为都不能保持有效的关注。我们需要完善政治参与的形式：要么在地方层级进行，要么随机挑选公众参加公民评判委员会或其他类似机构；这能让所有人获得行使积极公民权的经验。以这种方式获得的经验能够提升人们的综合素质，使他们更有可能对政治事务产生持久的兴趣。我们发现，民主不是一个要么全有要么全无的问题，而是一个把国家事务的终极权威交付给全体人民的持续斗争过程。

但是现在我们必须回到多数与少数这个尚未解决的问题上来。尽管简而言之我们认为民主就是“民治政府”，但在现实中通常是由多数群体来作那些不得不作的决定（实际上选举经常被选民支持率**不到**多数的政党赢得）。既然对将被采纳的最好政策都极不可能达成一致同意，那么多数投票似乎是不可避免的决策方式，然而，我们对最终输掉的一方该说些什么呢？

乍看起来他们似乎没有什么可以正当抱怨的：无论如何，他们的选票是和多数群体的选票同等计算的，赋予其**更大**的分量将会破坏政治平等的理念，而我们知道这一理念正是民主自身的基石。但问题还不止于此。特别是在两种情境下，少数派也许会感到多数统治**亵渎**了政治平等。一种我们已经遇到过，即与那些构成少数派的人相比，和多数派一道投票的人受决策影响的程度要小得多，或者受到威胁的利益要少得多。尽管人数

图 6　让-雅克·卢梭，民主哲学家。

是平等计算的，偏好或利益却似乎并非如此。第二种情境是，一个群体发现自己在投票中总是属于少数一方。设想一个球类俱乐部拥有大量热心的网球运动员和少数同样热心的壁球运动员，每一次投票决定钱是用来改善网球场还是壁球场，壁球运动员都会失败。我们会认为这种安排未能公平对待每一个成员，因而其民主程度比不上使壁球运动员有时也能如愿的另一种安排。换言之，我们遇到了**强烈**少数派和**持久**少数派的问题。

在民主制中这些问题该怎样处理呢？一般说来我们可以采用两种应对方式。第一种是设计一部宪法对多数统治的范围加以限制，以保护少数群体。比如说，这部宪法可以列出每个公民都必须能够享有的权利，侵犯这些权利之一的法律或政策议案将因违宪而被放弃——这就需要有一个特殊的权威，通常是宪法法院，它有权决定一项正在被考虑或者已经临时采用的措施有没有违背宪法。这样一来，任何少数群体都能确信，无论多数群体作出什么决定，都不能侵犯自己被写入宪法的基本权利，哪怕仅仅一项。

诸如此类的安排经常被批评为不民主，因为，比如说，它们赋予一个很小的裁决委员会妨碍明确表达的公民多数意志的权利。但是不难想象，宪法本身是经过民主程序批准的，现实世界中多数宪法都留有修正的余地，通过宪法修正案通常需要超过简单多数的投票者的支持。人们为什么愿意投票通过宪法，对自己将来作出多数决定的权力加以限制呢？他们多半会这样做，因为他们希望自己的某些权利得到保护，又不能确定自己不会成为不受欢迎的少数派。以宗教自由为例。任何有宗教信仰的人都希望确定自己能安全地践行自己的宗教主张，即使社会中的多数人都强烈反对其所信仰的那一独特宗教。很难预测将来哪一种宗教会招致多数人的愤慨，所以把信仰自由写入宪法，她就能获得安全感。

另一种保护少数群体的宪政设计，是创设分立的选区来对不同系列的问题作决定。比如这种设计存在于联邦体制中，在此体制下，地区或省有权就与本地居民特别相关的问题进行立法，而其他决定权仍然保留给中央政府。但是分立的选区不一定要以疆界为基础，让我们再次回到使壁球运动员受到不公待遇的球类俱乐部的例子。该问题一个显而易见的解决办法是设立两个分委员会，一个负责网球场，另一个负责壁球设施，给每个分委员会拨付俱乐部的一部分年度预算。通过在与自己最密切相关的问题上转变为多数，少数群体得到了保护。

但是认为所有的少数群体问题都能通过这种或那种宪政设计加以解决是很天真的。猎狐问题再清楚不过地揭示了这一点。那些想要猎狐的人根本没法诉诸他们的宪法权利来为自己辩护，因为任何宪法都不可能写入不受约束的猎杀动物之权利。下一章我将更详细地探讨如何设法构建一个政府无权侵犯的个人自由领域，但是很容易就能明白其中不会包括狩猎的权利。猎杀动物是否合法无疑应该由多数决定，因为动物福利和保护濒危物种是与每个人潜在相关的问题。猎狐者极力坚持的观点也不能这样来表达，即声称猎狐问题的决定权属于而且只属于他们。在球类俱乐部的例子中很管用的分权策略，在这里也因为太多相互冲突的攸关利益而难以完全奏效。

所以，尽管宪政设计是保护少数群体免受多数侵害的重要途径，但一个旨在平等对待所有公民的民主体系必须走得更远。它必须设法保证多数人在作出最后决定之前充分考虑少数群体所关注的问题，即便是在并不涉及基本权利问题的情况下。这里的关键在于公开讨论，双方都去倾听对方的观点，设法找到一种尽可能让双方都能接受的解决方案。换句话说，构成多数的人们不是简单地投票支持在讨论之前他们最喜欢的那种方案，而是试图在倾听对方的论辩之后再作判断。有时候他们能找到一种双方都能接受从而推动事情向前发展的总体性原则。

但是多数群体为什么应该这样做呢？通常说来，最终的解决方案会使讨论中的多数一方部分地放弃自己最初想要的东西。例如，一开始想完全禁止猎狐的人在听过辩论之后，也许会接受只要管理得当就应该允许继续猎狐的观点。但如果你这一方是多数的话，为什么要以这种方式退却呢？有两个理由。第一个仅仅是对你的同胞的尊重。就讨论中的具体问题而言，也许你完全不赞同他们，但在民主政体下他们的声音被认为是具有同等价值的，因此你必须倾听这些声音后再作决定——如果可能的话，应该找到一种将他们的意见考虑在内的解决方案（有些问题没有调和的可能，但这样的问题其实非常少见：即使在譬如堕胎这样的问题上，在彻底禁止和一旦需要就能自由堕胎之外，仍然存在其他的可能性）。另一个理由是下一次你也许会发现自己成了少数，那时你会希望另一方能够考虑**你**的想法。换言之，增进民主文化对你是有利的，在这种文化中多数不是简单地凌驾于少数之上，而是试图在作决定时充分考虑他们的利益。

民主已被证明是一件很苛刻的事情。它要求人们对通常很复杂、看起来距离自己的日常生活很遥远的政治事务怀有兴趣，要求他们在决定政治事务时自我克制——尤其是在他们拥有压制少数群体的权力时避免这样去做。但是除非我们去反抗——牢牢坚持政治权威最后必须取决于公民整体的理念——否则我们会像洛克警告的那样,最终被统治我们的狮子所吞食。

关于民主的讨论还提出了另外三个问题,它们是以下章节的主要内容。一是存不存在一个应该得到保护、免受即使是民主政府之侵犯的个人自由领域。二是应不应该赋予某些少数群体以所有公民都享有的宪法权利之外和之上的**特殊**权利,以保证他们得到公平对待。三是究竟在什么条件下民主是可能的——尤其是人们什么时候才能充分相信他人会尊重民主宪法,从而愿意在相互尊重的氛围中讨论和决定问题。接下来的一章,我要对其中第一个问题进行讨论。

第四章

自由与政府的限度

想象一下锡耶纳画家安布罗焦·洛伦泽蒂通过时间机器来到当今时代，如果征询他对本书所包含的政治哲学观念的看法,我相信他会发现,到目前为止我所说的内容大多是他所熟悉和完全可以接受的。他也许会认为我为无政府主义观点花去了超出它们所应得的篇幅,也许会发现任何人都应在道义上反对猎杀狐狸的观点有些奇怪。但是在政治权威的本性、统治者对公民整体负责的必要性以及良好的政治判断所需的条件等方面,我们会(我希望如此)发现自己具有广泛的共识。然而洛伦泽蒂将会发现,现在刚开始的这一章更让人迷惑不解。本章探讨的问题是:是否存在这样一个人类自由的领域,它必须被保持在政治所能达到的范围之外,即是否存在政府绝对不能干预的人类生活空间。这个理念是我们时代占据支配地位的政治意识形态——自由主义的核心要素,它在洛伦泽蒂创作的时候还没有问世。当然,洛伦泽蒂的好政府为民众留下了相当多的自由:他们在很大程度上可以自由地耕作、从商、狩猎等等。但这并不是关乎原则的问题,而更多地是由于政府干预这些日常生活空间的能力有限。

有限政府理念的形成经历了几个世纪,最初的推动力来自

16世纪欧洲宗教改革所引发的宗教冲突。罗马天主教会对基督教社会中宗教生活的垄断地位被打破后，最初引起的反应就是每个政治社区都有自己确定的宗教：天主教或者新教。但是宗教派别的增加导致了宗教宽容的必要性：在特定范围之内，每个人都有权寻找自己通往上帝的道路，国家与这种寻求毫不相干。随着时间继续推移，宗教自由的主张进一步扩展为个人自由的要求，即要求承认每个人都有权选择他自己的信仰和生活方式，只要这些选择没有直接侵害他人。特别是18世纪末、19世纪初的浪漫主义运动为所有后人留下了这样的理念：每个人都是一个独一无二的个体，只有允许他们自主选择如何生活，这些个体才能得到真正的实现。这就要求有尽可能大的空间去尝试新的、不合常规的生活方式——新的职业、新的艺术表现形式、指导人际关系的新方式，等等。就像约翰·斯图亚特·密尔在他的经典文本《论自由》中所说（我们稍后会看到他的实际建议）：

> 说一切人类存在都应当在某一种或少数几种模型上构造出来，那是没有理由的。一个人只要保有一些说得过去的数量的常识和经验，他自己规划其存在的方式总是最好的，不是因为这方式本身算最好，而是因为这是他自己的方式。人不像羊一样；就是羊，也不是只只一样而无从辨别的。[①]

自由主义者主张，个人自由具有如此重要的价值，所以无

① 本段译文引自约翰·密尔《论自由》，许宝骙译，商务印书馆1959年版，第79—80页。

论政府组织得有多好，都必须禁止其干涉个人自由。好政府是不够的：就算是结构最合理、意图最良善的政府，也会受到诱惑而闯入个人自由神圣不可侵犯的领地。这就是会让洛伦泽蒂感到如此奇怪的观点，也是我在本章所要探讨的观点。

我们还有两个关键问题要问。第一，我们正在谈论的自由到底是什么？说某人自由地做这做那，或者自由地以这种或那种方式生活，意味着什么？第二，个人自由的限度是什么？如果我的自由与包括任何他人自由在内的其他政治目标发生冲突，将会怎样？有没有一种原则性的方式来解决这个问题？

那就让我们从自由本身说起吧，这个难以把握的概念已经写满了许多政治哲学著作的纸页。首先我们要说，一个人的自由取决于向她敞开的选择项的数目，以及她在这些选项中作出选择的能力。有十个不同工作可供选择的人，要比只有两个可选的人拥有更大的自由。当然选择项的质量也很重要：你也许认为有两个好工作可供选择，比起十个低贱的工作来能给你更多的自由，特别是当那些低贱的工作都很相似的时候（街道清洁工、办公室清洁工、厕所清洁工等等）。所以与其说“可选择的数目”，也许不如说“可选择的范围”，它同时考虑了选项的差异程度和它们的价值大小。说到第二个条件，“选择的能力”，我们之所以需要它，是因为可能有人虽有选择余地却由于这种或那种原因而无法在其中作出真正的选择。譬如说，现在为你提供一种选择，让你观看今晚两场戏剧中的一场，可告诉你的只有对你来说无意义的剧名。你可以随机挑选一场戏，但在决定自己最想看哪一场的意义上，你并没有作出选择。或者设想一个人完全被她的妈妈所支配，总是做妈妈建议的事情。这个人有各种各样的工作可选，却总是挑选妈妈推荐的那一个。从某种角度来看她有选择职业的自由，但从另一种角度来看她却没有。

所以我们可以说，自由具有外在的和内在的两个方面：它取决于世界是否以这样一种方式来安排，使得一个人有许多扇门向他敞开；但也取决于这个人是否真正有能力选择从哪扇门经过。不过现在我们需要挖掘得再深一点，看看打开一扇门意味着什么，作出真正的选择又意味着什么。

我们在什么情况下可以说一个选择项对于某人是可供选择的呢？让我们反过来问一下，什么时候一个选择项是不可用的。最清楚的例子是，被讨论的这个人由于身体上的原因而无法作出这项选择。被捆缚或被投入监狱的人只有极少的自由，因为身体限制不允许他做几乎所有他本来可以做的事情。有些政治哲学家，包括我们的老朋友霍布斯在内，主张**只有**身体上的障碍才会限制人们的自由。但对于大多数人来说这似乎是一个非常狭隘的观点。我们一般认为，当选择项附着了各种制裁时，它们就变得不可得了。尤其是法律限制了那些受其调控者的自由，因为违反法律的人会受到惩罚。没有任何身体上的原因阻止我超速驾驶或者打碎邻居家的窗户，但要是做了这些事情我很可能会被抓住并受到惩罚，所以我没有做这些事情的自由。这也适用于私人个体发出的威胁。如果有人威胁说，要是发现我再和他的女友说话就会揍我一顿，那么（假设这一威胁是认真的）该选择项对我就不再是敞开的了。

作为削弱自由的阻碍因素，身体上的阻挠和惩罚通常是被人们所接受的。更多的争论出现在人们由于成本原因而在选择时却步的例子中，这里成本并不呈现为惩罚或某种制裁的形式。就像人们时常提到的那个问题：一个身无分文的人有在昂贵的餐厅，比如说里兹大饭店[1]，进餐的自由吗？我们会说"没有"，因为事实上那个人不可能在里兹饭店吃饭（至少是在这样的前提下，即不用承受被人发现没钱时某些相当可怕的后果）？或者我们会说"有"，因为唯一对他构成障碍的是他自己缺乏财力，而不是里兹饭店的主人或任何其他人有意不让他在那里吃饭？这不仅仅是一个哲学上的问题，因为如何回答这个问题会影响到我们思考政府与自由之关系的方式。在政府推行的政策中，有一部分是要把资源从一些人手中转移到另一些人手中——特别是从经济状况较好的人转向经济状况较差的人。我们想要知道，这种做法是否增进了受益者的自由，或减损了贡献者的自由，或二者都不，或二者都是。

所以让我们来看几个例子，在这些例子中人们由于成本原因而不能做那些他们本来会选择去做的事情。我们能不能说，一旦成本达到一个特定的值，人们就不再自由了？这非常简单：比较一下这样两个人，一个中等收入者不能去度一个需要花费一万英镑的假期；另一个同样收入的人需要做手术以缓解痛苦的（尽管不是致残的）病情，这个手术需要他个人承担一万英镑。我们为什么说第二个人没有做他所需要的手术的自由，而在第一个例子中通常会换一种说法——我们会说他有度假的自由，只不过他消费不起？为什么自由这个术语自然而然地出现在第二个而不是第一个例子中呢？昂贵的假期属于奢侈品，它的分配可以合乎情理地留给市场，在那里人们选择自己挣多少钱和怎么花这些钱。不管我们讨论的这个人事实上能不能通过延长工作时间、更换工作或者削减其他开支挣到一万英镑——这个问题是有争议的——我们都确定无疑地知道，没有

① 一家以豪华著称的巴黎酒店。

LIBERTY, BASE VARIETY

图 7　一种有争议的自由观，1950。(图中左上角文字为："亲爱的伙计，难道你没有意识到，我们完全是在为你们谋求自由吗——拿走比公平份额更多的食物的自由，获得汽油而不计后果的自由，享受利润而不用交税的自由，当然，还有让工人做他们该做的事的自由。"图下方文字为："基础各异的自由"。)

人有任何义务为他提供这个假期。相反，国家有义务确保每个人都得到充分的卫生保健，无论是通过公共卫生服务，还是通过调整健康保险市场以使每个人都能购买适当的额度。所以如果有人为了她所需要的手术而面对一张一万英镑的帐单，那么责任应该算在失职的政府头上。作出一种选择的成本会不会对自由构成限制，不仅取决于成本有多大，而且要看成本是如何产生的，以及有没有其他人应为成本的存在负责。

因此，政府做得越多人民拥有的自由就越少这种广为接受的观点是错误的。政府有时的确会限制自由，这种限制有时候是无可非议的，有时候并非如此（例如安全带立法限制了汽车使用者的自由，但大多数人会同意它所挽救的生命证明它是正当的）。但在另一些情况下，政府行为可以增进自由，因为它给人们提供了一些由于成本原因原本不存在的选择项。我们需要考察一下具体的政策，看看它们有没有在敞开一些选择项的时候关闭了其他更重要的选择项。不幸的是，许多关于"自由社会"的政治修辞从未屈尊考虑这一细节层次。政治哲学家——他们总在追问，我们说一个人在作出特定选择时是自由的或者不自由的，究竟指的是什么——能够帮助我们对政府与个人自由之间的关系作出更周全、更精准的判断。这很好地说明了本书第一章关于对当下政治问题进行哲学思考之价值的观点。

关于自由的内在方面，即一个人在向自己敞开的诸多选项中作出真正选择的能力，政府能直接去做的事情很少。它有时被称为"积极自由"，以区别于有不受外部因素妨碍之选择能力的"消极自由"。这两种类型的自由被用来相互对比，正如政治哲学家以赛亚·伯林[①]在一次名为“两种自由概念”的著名演讲中所作的。伯林想要突出“积极自由”的危险，他相信这种自由可以被用来证明独裁主义或极权主义政体（就像斯大林统治下的苏联）的正当性，在这种政体下属民只拥有极少的“消极自由”。但我认为将两者视为相互补充关系将会更有成效，前面我已经举例说明，为什么我们不仅要关注选项的可用性，还要关注真正的选择。可我们怎么知道一个选择何时才是真正的选择呢？这就更难确定了。

再次从相反的角度来接近这个问题，即询问什么情况下的选择显然**不是**真正的选择，这样也许会有些帮助。一个相当明确的例子是那些为冲动或瘾癖所控制的人们——例如一有机会就忍不住要入店行窃的偷盗癖者，或者不顾一切要得到下一次注射的瘾君子。处于这种境况的人们，在作决定的一瞬间会听从自己最强烈的渴望，但在事后反思时他们知道这些并不是自己想要的东西。要是揿一下按钮就可以消除这种冲动或瘾癖，他们会这样做。他们决定窃取一件衬衫或注射一针海洛因，这不是真正的选择，因为它是由当事人宁可没有的冲动所激发的。

另一个例子出现在个人选择为外部力量所决定的情况下，就像那个总是妈妈说什么她就做什么的女孩。尽管当事人似乎对自己的决定很满意——这里没有强迫症患者或瘾君子的例子中经常出现的内心斗争——但我们觉得这些决定并不真正是她的。真正的选择要求某种独立性；一个自由的人必须问自己“我真正想要的或真正相信的是什么”，必须有能力拒绝二手

① 以赛亚·伯林（1909—1997），俄裔英国政治思想家，其著名论文《两种自由概念》已成为当代自由主义的经典文献。

的答案。在这个意义上，当迫使人们遵守普遍习俗或普遍信仰的社会压力强大到无法抗拒的时候，人们就失去了他们的自由。宗教和政治意识形态都具有这种效果。

我们怎样才能增进这种内在自由，即作出真正选择的能力呢？一种办法是让人们拥有大量的替代选择，这样他们就不大可能想当然地认为某一套信仰或某一种生活方式必然是正确的（相反，想要控制其成员选择行为的宗教派别和政治体制，会竭尽全力不让他们看到或经历任何与其认可的生活方式相悖的东西）。所以一个想增进选择自由的政府，可以通过鼓励社会多样性来做到这一点——让人们接触新的生活方式、新的文化形式，等等。这种政策的实际表现之一就是这样一种教育体制，它鼓励儿童对自己从父母那里继承来的或从社会网络中吸收来的信仰和价值进行批判性的思考，同时还通过把来自不同社群的儿童安排在共同的学校，使他们接触到不同的信仰和不同的文化价值。但是和外在自由不同，内在自由是无法由谁来承诺的。有些人天生具有独立的思想；有些人却有着顺从的天性。政治所能做的一切，就是为那些想要选择自己人生道路的人提供更多的有利条件。

到目前为止我已经设法解释了什么是自由，以及它为什么在当代社会具有这么高的价值。现在我想开始探讨它的限度。个人自由必须以各种方式加以限制，这应该是不言自明的：每个人的自由都必须受到约束，以便所有人都能享有同等程度的（外部）自由。但是除此之外，还有许多合理的社会目标要求对个人行为施加限制。例如，为了保护自然环境，我们必须制止人们乱扔垃圾、让废气污染空气、将野生动物栖息地变成房屋不动产，等等。我们在自由与其他价值之间寻求平衡，有时自由不

图 8　以赛亚·伯林，20 世纪受到最多关注的自由主义哲学家。

得不作出让步。但这种平衡应该走多远？有没有一块个人自由的领地是永远不能被正当侵犯的，无论对这种自由的限制表面上看会带来多好的结果？

约翰·斯图亚特·密尔——我已经引用过他的《论自由》——相信确实存在这样一块领地，在那里自由是神圣不可侵犯的。他说道，如果一个人的行为是"涉己的"，就是说它们不会伤害任何人的利益（除了可能伤害他本人之外），它们就决不应该受到干涉。密尔认为，这一原则可以证明思想自由、言论自由以及按照自己喜欢的方式去生活的个人自由——怎么穿着、吃什么喝什么、从事什么文化活动、有什么样的性关系、尊奉什么宗教等等是正当的。（如今我们很熟悉这些观点，但在密尔写作的维多利亚时代中期，它们被认为是激进的、事实上甚至是骇人听闻的。）但是有没有可能划出一条洛克想划的界线呢？真的有这样一些行为，它们肯定不会对行为执行者之外的任何人造成伤害吗？

密尔承认，人们确实有可能被由他归入涉己类的行为所**冒犯**，诸如奇异的穿着、反常的性行为、好战的无神论，等等。但他辩称，被某种东西冒犯不等于被它伤害。伤害是指受到攻击或威胁、财产遭到破坏或者经济地位恶化，在密尔眼里这是一种可以在客观上加以确定的东西。相反，冒犯依赖于被冒犯者的个人信仰和态度：你也许会被同性恋或说唱音乐所冒犯，但这是因为根据你的个人价值尺度这些行为是错误的或不可接受的；而我的反应也许会截然不同。密尔认为，对那些感到被他人行为所冒犯的人来说，最合适的做法是避开冒犯者，甚或设法说服他们改变自己的方式，但不能以法律或其他手段去阻止这些行为。

但我们可以追问，冒犯与伤害能不能这么容易地区分开来。假设一位女士在雇员大多为男性的办公室或工厂里工作，他们坚持要张贴巨幅裸女海报,这使她感到被冒犯了。结果是她不喜欢上班甚至决定离开。在显而易见的意义上,她受到了男性雇员明显是涉己行为的伤害。另一个例子是所谓的“仇恨言论”，即在公开场合对种族或宗教少数派成员所作的恶意评论,这些评论可能使他们被逐出中小学、大学或工作场所,或至少让他们感到待在那里很不舒服。这再次说明,眼下只是冒犯性的行为似乎也能间接造成伤害。所以我们面临一个选择:要么将伤害的概念扩展到包括进这些例子,其中涉己行为的范围将会缩小;要么坚持只有直接有害的行为才能加以干涉的最初看法,声称应该让人们自由地表达自己,即使其他人感到深受这种表达方式的冒犯。

我们刚刚提到的例子,有三点特别值得注意。首先,认为该行为具有冒犯性不仅仅是一个个人癖好的问题。不管自己对裸体海报有什么看法,我们应该能够理解为什么许多女士认为自己被冒犯了。这和,比方说,由于支持与之竞争的足球队而反对某人将大卫·贝克汉姆的海报钉在其书桌上,是大不相同的。其次,这种冒犯是无法避免的,除非受害者的行为发生巨大变化,比如说放弃工作或离开大学。这与以下例子形成了对比:我被邻居卧室墙上的海报所冒犯——我只要不进他的房屋就可以避免;或者被种族主义报纸上发表的言论所冒犯——我可以不去买它。第三,冒犯行为本身几乎或者完全没有积极价值来抵偿它所造成的不幸:在工作时必须能看到裸女,或者对黑人和穆斯林大肆辱骂,在任何人关于美好生活的观念中都不是必不可少的一部分。(我不否认少数人也许非常想做这些事情;但问题是，禁止他们这样做会有什么损失呢?）尽管表达自由很重要,可并非所有的表达都应具有相同的价值。允许人们自由敬神、参与政治辩论、在艺术上表达自己等等,是极其重要的;允许他们在工作场所张贴海报、呼喊粗野的种族主义口号,则是极不重要的。

所以和密尔的涉己行为决不能受到干涉的简单原则不同,我们也许会发现自己需要作出更复杂的判断,需要权衡不同类型行为的价值与它们可能强求他人承担的代价,以及避免这些代价的难易程度。

现在我要转向密尔原则中存在的另一个问题:除行为者本人之外对任何人都没有直接影响的行为方式,仍然可能对其他人造成远期后果,因为它们削弱了行为者贡献于社会的能力或者制造了需要他人来承担的代价。比如说,成为酗酒者的人可能无法维持稳定的工作;(即便只在自己家里)大量吸烟的人更有可能罹患肺癌或心脏病,从而需要以公共利益为代价来进行治疗。所以,问题在于我们应不应该把这些行为看作是完全涉己的,进而以个人自由的名义加以保护。

密尔考虑到了酗酒的例子,认为在两种情况下饮酒不再是完全涉己的:当事人承担了某项在酒精影响下不能很好完成的工作或任务时;当事人在饮酒后有暴力倾向时。但是如果饮酒的后果仅限于使当事人所能作的贡献比不饮酒时更少,社会是无权阻止这种行为的。对于儿童,可以用社会责任感来教育他们,以酒精的危险性来警告他们,等等。可是对成人来说,坚持自由具有至高无上的重要性,即便整个社会要因此受损。

这里我们之所以不愿追随密尔,原因之一是自他写作的时代以来，国家已经对自己的公民承担了范围广泛得多的责任，所以它不得不支付更多显然是涉己行为所产生的成本。在密尔写作《论自由》的时候没有公共卫生服务，没有国民教育体系或穷人收入保障体系，没有公共住房供给，等等。在很大程度上，那些损害自己健康或者使自己无法胜任工作的人必须自己承担这些代价，或者求助于有权对受其资助者施加限制条件的当地慈善组织。问题是密尔的原则在福利国家的背景下是否仍然有意义——福利国家有义务在税收的资金支持下为每个人提供最低收入保障、教育、卫生保健和住房供给。在这种背景下，人们应不应该有作贡献和避免不必要地依赖福利措施的强制性社会义务呢？

这是当今政治领域最有争议的问题之一。我们也许能为自己找到一个最终赞同密尔的理由，即一旦放弃他的自由原则，我们似乎就无法得出一个明确的结论。比如说，国家应不应该给人们规定一种健康的饮食？应不应该强迫他们进行有规律的锻炼？应不应该制止他们从事有危险的体育运动？这些措施中的任何一项都将大大削减公共卫生保健的开支，但我们依然认为它们对私人生活的侵犯超出了可以容忍的程度。在这样的例子中，我们也许会论定，国家可以合法地要求登山者或从事极限运动者为自己购买保险；它有重要的角色要去担当，即**教育**人们（包括成人在内），当他们抽烟、喝酒、吃高脂肪食物、花太多闲暇时间趴在电视机前等等的时候要冒什么样的风险；可它依然不能**制止**他们做这些事情。如密尔所说，“为了人类自由这更大的善，这种麻烦是社会所能承受得起的。”

密尔对相对于国家的自由的捍卫，涉及到划定一个人们可以完全自由、随心所欲的私人活动领域。我们已经审视了该观点存在的某些问题，当我们在第六章考察女性主义者反对受保

图9 约翰·斯图亚特·密尔，功利主义者、女性主义者、自由的辩护者。

护的私人领域的主张时，还会遇到更多。所以现在，我想探讨一种以个人自由的名义限制国家去做某些事情的不同方式。这就是每个人都有一组**人权**、政府绝对不能侵犯的观点。

自1948年联合国签署《世界人权宣言》以来，人权观念的影响持续上升。该宣言列了一个长长的权利清单，所有签字国家都承诺要尊重本国公民的这些权利。不过这一概念本身可以更远地追溯到在自由主义政治哲学发展的早期阶段扮演核心角色的自然权利观念。例如约翰·洛克声称，至少所有**男性**（他是否有意将女性排除在外仍然存在争议）都对生命、自由和财产拥有自然权利，当通过社会契约成立国家的时候，国家必须承诺保护这些权利作为获得政治权威的前提条件。《世界人权宣言》列出的权利范围要广泛得多，除了直接保护自由的权利——诸如自由迁徙、自由敬神、自由结婚的权利之外，还包括为人们提供物质福利的其他权利，譬如工作的权利、达到适当生活标准的权利以及受教育的权利。不过从本章前面部分对自由的分析来看，这些权利也可以被视为保护个人自由的手段，因为它们能确保选择项对于个人来说是可得的，否则这些选项就会由于物质资源的缺乏而不可企及。

人权视角不去追问人的某种行为会不会对**他人**造成潜在的伤害，相反它着眼于行为人本身，追问我们能不能确认某些特定的条件，没有这些条件人们就无法过上体面的人的生活。它试图在什么是人类最佳生活方式的问题上保持中立——这并不是说做一个宗教信徒、政治活动家、艺术家、农夫或者家庭主妇是否更有价值，但它宣称所有这些生活方式都需要受人权保护的前提条件。某些条件是完全没有争议的：没有思想、交流、迁徙的自由，没有充足的食物和住所，没有与他人建立私人和职业关系的机会等等，就没有人能够过上体面的生活。但是出现在标准人权清单（包括最初的联合国宣言）上的另一些项目却更成问题。这些权利也许是我们在自己所属的社会中乐观其成的——尤其当我们是自由主义者时，但我们也会怀疑它们是否真的在所有类型的人类生活中都不可或缺。

让我们看两个例子。首先是“思想、良知和宗教”自由的权利，按照联合国宣言的宽泛解释，它们包括改变宗教信仰的自由、在公开或私人场合践行任何宗教教义的自由。既然宗教信仰和实践是人类存在的普遍特征，我们也许会同意每个人都应该享有敬神、阅读宗教文本之类的机会。但是他们能不受限制地选择践行何种教义吗？应不应该允许他们劝诱改宗（试图让信奉另一种宗教的人改变信仰）呢？国家必须平等对待所有宗教，还是可以让其中之一享有国教的特权呢？在自由主义社会中，我们所讨论的这种权利通常会得到有力的阐释，对所有这些问题都要求作出肯定的回答。可是其他社会所承认的是一种远为有限的权利，很难证明这些社会中的人类生活因此就更不体面。

其次，联合国宣言包含了坚决的政治参与权利。它声称人人都有权参加本国政府，进而说明这需要实行定期选举、落实普遍而平等的选举权、采取秘密投票或类似的做法。这又是一项自由主义者会表示赞赏的权利，如我们在上一章所见，人们希望行使权力者以民主的方式向全体人民负责是很有道理的。但如果谈论的是人权，我们必须要问这种权利是否真是体面的人类生活所不可或缺的要件。人类社会已在此类民主权利缺席的情况下存在了数千年，尽管按照我们的标准它们并不完美，却很难断言它们一概没有为其成员提供差强人意的生活条件。

换句话说，我们需要把通常所理解的人权区分为两种类型。有为数很少的几种权利，我们可以带着几分自信地说无论人类如何选择自己的独特生活方式，拥有它们都是至关重要的。剥夺了这些权利，他们的生活就会受到束缚和阻碍而不再是完整属人的。还有大量的权利，我们相信每个公民都有权享有，它们为一个治理良好的社会提供了参数。然而这个更长的清单会出现不同的版本，要看由谁来编定。自由主义社会所喜爱的版本，也许和具有不同文化背景的社会如伊斯兰社会或具有儒家或佛教传统的东亚社会有所差别。所以我们可以得出结论：只出现在某一较长清单而不见于较短清单的那些权利，在严格意义上不能被称为人权。1789年法国革命者在制定其原则性声明时，把它称作《人权与公民权宣言》。遵循这种做法，我们可以把属于较长清单的权利称为公民权，意思是这些权利**在我们的政治社群内**应被承认为基本的个人保护措施——其他社群则有一套不同的权利占据优势，与我们的权利有重叠之处却不尽相同。

我在本章开头指出，关于政府无论如何都不能侵入的个人自由领域的观念，已在自由主义社会中变得根深蒂固。可我们发现这个观念其实是很成问题的。一旦开始考察自由的真正含义是什么，我们就会看到在许多情况下没有政府的积极行为人们就无法享有自由，因为前者提供了使选项开放所需的资源和人们作出自由而明智的选择所需的条件。我们还发现没有一个简单的方法来界定“涉己”行为的领域，除了领域内的个人之外它与任何人都毫不相干。最后我们还发现，以人权为参数来设定观察政府的绝对标准，只有在局限于短小和基本的人权清单时才是可行的。更长的公民权清单在不同的社会中将合理地存在差别，这意味着它是一个合适的政治辩论主题。某一时期似乎不可或缺的权利，随后也许会被证明有害于社会（美国的国父们想要确保能够随时召集民兵以保卫国家，所以宪法第二修正案赋予每个美国公民持有武器的权利——现在这项权利使立法者难以采取任何有效措施来控制手枪的扩散）。

因此，自由虽是一种非常重要的政治价值，但这种重要性不足以对政治权威的行使施加绝对限制。尤其是在一个民主政体中，关于利用资源以增进自由、关于自由与社会责任、关于所有公民都应享有的权利等问题都将得到公开辩论，人们在回答这些问题时可以诉诸许多不同的原则——平等、公正、公共利益、对自然的尊重、对文化的保护，等等。随着这些辩论的进行，某些自由会被挑选出来奉为基本权利，也许会被写入成文宪法。但这决不会是最后的结论：随着社会的变迁，随着新需要和新问题的出现，自由本身的形状也会发生变化。即使在二十年前，谁能想象互联网接入、电子监控或基因所有权会很快占据关于个人自由之辩论的中心舞台呢？谁又能预言哪些新问题将在未来二十年间取代它们的地位呢？

第五章

正义

由于我们在前面章节中已知的原因，洛伦泽蒂的《好政府与坏政府的寓言》没有为自由之神提供一席之地，可正义却出现了不是一次而是两次。她是环绕在良善统治者身边的美德之一，可她又单独出现在壁画的最核心部位，即独自端坐在分别代表好政府和坏政府的两组形象之间的那个庄严的人物。洛伦泽蒂为什么要画两次正义呢？我想他是要表达这样的观点，即正义不仅仅是统治者应该具备的一种美德：它首先是把众多个人整合为一个政治共同体的制度的根基。洛伦泽蒂的这位主要人物手持一对天平，每个天平上都有一根绳子下垂到和谐之神那里；和谐之神又把它们编成一根更粗的绳子，穿过那一长串公民最后到达统治者手中。洛伦泽蒂是在暗示，正义使公民相互结合起来，进而把所有公民与政府连为一体。他这样做是在追随一种延续已久的传统，这种传统认为正义占据着政治权威正当性的中心位置。如圣奥古斯丁[1]在此画创作的近千年之前所问，“如果拿走了正义，那么除了强盗的大联合，王国还能是什么呢？”

---

① 圣奥古斯丁（354—430），著名神学家、哲学家，代表作为《上帝之城》。

图 10　安布罗焦·洛伦泽蒂画作《好政府和坏政府的寓言》中的正义之神。

说正义对于好政府来说极其重要是一回事，说正义究竟意味着什么则完全是另一回事，此即整个这一章我们要探讨的问题。有一件事情我们可以肯定，就是答案不会简单。洛伦泽蒂画中的人物告诉了我们这一点。一个天平上站着代表分配正义的天使，她一边用剑斩去作恶者的头颅，一边将王冠戴在值得嘉奖者的头上。另一个天平上站着交换正义（天使），她似乎正指导两个商人进行交易，大概是在确保金属制造工的长矛和织布工的一包布料具有同等的价值。

所以正义与惩罚和奖赏有关，也与平等有关，可我们该如何定义它呢？一个非常古老的定义是由罗马皇帝查士丁尼给出的，认为"正义是偿付每人应得之物的永恒不变的意志"。就其本身而言，这个定义似乎没有提供多少信息，但至少它确实为我们指出了正确的方向。首先，它强调正义关乎每个作为个体的人得到正确对待，而不是社会整体富庶还是贫穷、文化丰富还是贫瘠之类的问题。这并不是说**群体**正义的概念可以完全丢到一边——我们将在下一章更周密地探讨这个问题——而是说正义首先关注的是如何对待个人。其次，定义中"永恒不变的意志"这一部分提醒我们，正义的一个核心义项是人们决不能受到任意武断的对待：对待同一个人的方式必须具有时间上的连贯性，也必须在不同的人**之间**具有一致性，从而如果我和我的朋友具有同样的品质或以同样的方式行事，我们视情形而定会得到同样的利益或受到同样的惩罚。

正义要求对待的一致性这一事实，解释了为什么公正行事经常体现在遵守**规则**或运用**法律**上，因为它们通过规定具体情况下可以做什么保证了一致性。可是对正义来说仅有一致性是不够的，如果设想一条规则要求处死所有红头发的人，或者要求所有名字以“D”开头的人按双倍税率交税，我们就能明白这一点。这些例子表明的是正义要求**适当性**；如果人们将要受到各不相同的对待，就必须建立在与这种对待相当的理由之上。这也意味着如果没有区别对待的适当理由，正义要求的就是平等：应该以同样的方式来对待每一个人。实践中在多大程度上要求平等对待仍然有待考察，但现在我们有了除单纯一致性之外正义的第二个要素：正义要求人们得到平等对待，除非有适当的理由区别对待他们。

我们还可以增加第三个核心要素：比例的概念。它告诉我们，当人们由于适当的理由受到区别对待时，他们所得的对待应该与他们所做的事情、所具有的品质成比例，这证明了不平等的正当性。例如许多人相信，如果人们努力工作，就有适当的理由给他们更多的报酬。但是就正义而言还必须符合比例：如果史密斯的工作产出是琼斯的两倍，他就应该得到两倍而不是十倍于琼斯的报酬。

我们已经从查士丁尼的公式中得出了许多关于正义的信息，但我们仍然不能准确地说出在正义问题上人们应该得到的是什么，以及我们有什么理由（如果有的话）证明区别对待他们是正当的。这些问题其实没有简单的答案。部分原因在于具体而言人们对正义要求什么常常存在分歧；但也是因为任何人给出的答案都在很大程度上取决于由什么人在什么情境下给予什么样的对待。在极大程度上，我们的正义概念是由**语境**决定的，也就是说在确定一种规则或决定是否公正之前，我们必须充分了解它所适用的环境。让我来举例说明。

假设给我一百英镑，要在站在我面前要求分得其中一份的五个人中间分配。正义要求我该怎么做呢？到目前为止还很少：

它告诉我应该一致地对待他们，假如区别对待的话应该有适当的理由，另外我的分配应该是成比例的。现在让我们以不同的方式把现实背景添加进来，看看会有哪些分配方式。这五个人也许是我的雇员，一百英镑是他们本周挣的津贴，在这种情况下我应该考虑每个人对我们的共同事业所作的贡献，按照比例给予奖励。或者我是一名救济工作者，得到现金去帮助饥饿的人购买食物，这时我应该设法估算五个人的相对需要是什么，给需求量大的人以更多的钱。又或者这一百英镑是一次论文竞赛提供的奖金，在这种情况下正义要求我把钱全部交给提交了最佳论文的那个人。还可能这一百英镑是一小笔彩票收益，这五个人和我都是团体购买的成员，此时这笔钱显然应该由我们平分。

我猜想大多数读者会发现，我对这笔钱在不同情况下应该如何分配的提议多少是不言自明的，它所表明的是，尽管公正对待是一件复杂的事情，但我们对它在实践中所涉及的问题已经具有很好的直觉把握。正义不大像测量杆，而更像是一只工具箱：面对任务——作出一个决定或运用一项规则时，我们在多数情况下都知道该拿出和使用哪一样工具。更难的是用一般原则来表达这种知识，即创造一种正义的**理论**。但是作为政治哲学家，我们需要拓展理论，因为会出现我们的直觉发生冲突或者完全耗尽的情形。当我们必须考虑**社会**正义——这种正义不仅存在于个人之间，而且贯穿了整个社会——的有关问题时，情况尤其如此。我将在本章稍后探讨这个富有争议的概念。不过我们首先要考察正义的一般原则，即便在上述那样的简单例子中我们也要运用这些原则。

首先需要注意的是，正义常常不仅与人们受到的对待有关,而且与达到这种结果的程序有关。想想刑事审判我们就能明白这一点。让有罪者受到与罪行相称的惩罚、让无罪者得到释放无疑是很重要的——这是正义的结果所要求的——但作出一项裁定的适当程序也很重要,比如允许双方陈述自己的案情,比如法官没有既定的利益可能使他偏向一边或另一边,等等。这些程序之所以重要,部分是因为它们往往能确保作出正确的裁决,但在此之外和之上,也是因为它们显示了对接受审判者的适当尊重,这些人希望有机会陈述自己的案情,希望对自己适用和其他被告同样的规则,等等。设想一位武断的法官根据杯中的茶叶渣来判决每一件案子,再设想有一天他作的所有裁决碰巧都是对的:这时正义得到伸张了吗?被告是不会这么想的(事实上研究表明,在这样的情形下人们对适用公正程序的关注要比对实际判决结果的关注更为强烈),我们也不该这么想。

在某些例子中,正义**完全**是用来作决断的程序问题——我们没有独立的标准可以适用于检验结果。比如有一项肮脏或者危险的工作需要完成,又没有理由让任何特定的人去做(比如具有专门技巧的人),我们可以抽签选出一个人,这个程序是公正的,因为每个人都有相同的概率被选中。或者一个团队需要选出一位队长,可以用投票的方式来决定——这也是一个公正的程序,因为每个人的偏好都得到了同等的考虑。有时候诸如此类的程序会用来决定更重大的问题——比如用随机方式决定谁被征召入伍或者挑选政治职位的执掌者——但一般说来,我们不愿从纯粹程序的角度来理解正义。我们想要这样的程序,它们所产生的结果不是完全随机的,而是更实质意义上的公正。

那么，我们应该用什么原则来确定结果何时是公正的呢？按照前文所说的正义的核心概念，一个明显的备选原则是平等——每个人都得到我们所分配物品的同等份额。这是我们在彩票收益的例子中采用的原则，它更广泛地适用于某种利益有待分配或某种成本需要分摊、又没有任何相关因素能让我们在可能的接受者之间作出区分的场合。在这些场合实行平等分配有两个理由：一个是，在没有恰当理由区别对待的情况下，分配利益或成本的任何其他方式都必定是武断的；另一个是通过利益和成本的平等分配，我们可能给所有人带来更多的好处。回到我们最初的例子，假设我对要求得到这一百英镑的五个人一无所知，又必须决定是把它全部交给随机选出的一个人，还是让五个人平均分得。从程序上看两种选择都是公正的，不过第二种结果也许更加优越，因为在其他因素完全相同的情况下，得到的第一个二十英镑对一个人的价值要大于额外的增加值。比如，假设证明这五个人快要饿死了，那么如果我把全部一百英镑都给了一个人，另外四个人就会死去。当然也存在完全相反的情形——需要一百英镑才能活下去，二十英镑是不管用的。如果我知道这一点，就应该随机选出一个人，因为这至少能给每个人五分之一的机会存活下来。但这样的情形属于例外。一般说来，平等分配利益和成本的做法更加优越——通过尽可能广泛地分摊，我们减少了任何人承受过糟境遇的可能性。

因此，公正分配的原则之一就是平等，有些政治哲学家声称它是**唯**一的原则——一切正义都是一种平等。但我相信这种说法混淆了两种原则，一是包含在正义自身定义当中的形式原则，即人们应该得到平等对待，除非他们之间**存在**适当的差别；一是让每个人在事实上得到利益和成本的相同份额的实质原则。因为在人们之间总是存在适当的差别。比如在惩罚的例子中就非常清楚:没有人会认为每个人不管怎样都该受到同等的惩罚,无论是无罪还是有罪,是违章停车还是连续杀人。这同样适用于利益的分配。

不以同样方式对待人们的一个恰当理由是他们具有不同的**需求**。没有人会反对为饥饿者或生病者提供比营养状况和健康状况良好的人更多的资源，至少只要他们不是因为自己不负责任的行为而造成这些需求的。但并不是每个人都同意这是正义所要求的。长期以来的传统认为,帮助贫困者是一个慈善问题,这意味着它是应该鼓励而非要求人们去做的事情。洛伦泽蒂几乎会确定无疑地采纳这种观点。他的正义诸神中也没有一个表现出任何向穷人施舍的倾向。这项工作是留给宽厚之神的,她坐在那里，膝上放着一个装有金币的托盘，等穷人出现时予以分发。但是当国家开始承担原本保留给更小的社群——宗教社群、工匠行会和其他类似机构——的责任时，需求就变成了社会正义观念的一个重要元素。人们期待国家能保证每个公民都有足够的收入以满足基本的衣食之需,得到足够的医疗保障,等等。

但是有没有可能将真正的需求同人们可能以正义之名义提出的其他要求区分开来呢？有些批评者认为需求是一种黑洞,如果声称正义要求我们满足这些需求,那所有的社会资源都有可能消失在这个黑洞中。那么处于需求状态是什么意思呢？它意味着缺乏某种必需之物,而什么是必需的则部分取决于你所属社会的一般标准。某些需要是普遍的,因为它们涉及到对整个人类都至关重要的身体能力——人们需要每天摄入许多卡路里以保证足够的营养,如果不想感染疾病就需要得到干净的水,等等。但另一些需求是更多样的,因为它们取决于个人所在的社会有什么样的期待。每个人都需要足够的衣服,可是怎样才算足够的衣服各地并不相同。每个人都应该具有流动性——有能力从一地迁往另一地——可是流动性大小和采取的形式也将各不相同。所以需求是这样一组要求,个人要在其所属的社会中过上体面的生活,就必须满足这些要求。它们在某种程度上具有社会相对性,却并不像批评者所说的那样是完全主观的。在经济发达的社会,完全可能满足每个公民的真正需求,而且仍有大量资源可用于其他的目的——事实上这些社会拥有充足的资源来满足(特定地区内)任何地方的需要,只要存在这样的政治意愿。

如果说不同的需要是从一个方向偏离平等的适当理由,那么不同的赏罚或功过则沿另一个方向带我们离开了平等。我们仍然要问,应该得到某物指的是什么?它是指按照一种方式行事,这种方式要求根据你的所作所为选择特定的对待模式。如果某人的行为被认为在某种意义上值得赞许,比如为一项有利于他人的事业贡献时间、作出努力,他就应该得到有利于己的对待——酬劳、收入、奖金等;如果其行为是值得谴责的,比如涉及伤害他人,则应该得到不利于己的对待——谴责或者惩罚。赏罚的基础因场合而各不相同,所以我们无法更具体地说某人必须做什么事才值得奖赏或应得惩罚。但是强调赏罚与责任之间的联系是有价值的。我们应该得到什么必须取决于我们对之负有责任的行动或表现,所以某人可以通过,比如说,证明自己对造成伤害的行为不负有责任——例如在行为发生时他是被迫的,或者他是精神错乱的——来逃避惩罚。在积极的方面,我们同样不能要求把自己并非有意的和无法预料的行为的结果归功于己。如果我救了一个陌生人的命,我应该得到某种奖赏——至少是衷心的感谢——可要是我在街上匆匆前行时将他粗暴地推开，凑巧使刺客的子弹未能击中目标，我就不该得到任何这种奖赏。救他的命不是我意图的一部分，所以我不能声称于此有份。

赏罚在大多数人们对正义的理解中都是核心内容，但是和需求原则一样，它也受到来自不同方面的攻击。批评者常常断言它太容易被用来证明收入和财富严重不平等的正当性。毫无疑问，高收入者会急于声称自己对社会的贡献如此之大，他们的薪水并未超出对自己行为的适当回报。尽管如此，或许这不仅是一个赏罚本身的概念问题，更是找到评估贡献大小的准确手段的问题。更具哲学意味的反对意见认为，从严格意义上讲人们从来不会对自己的行为真正负有责任，而这是证明赏罚要求之正当性所必须的。考察一个人行为背后的因素，你会发现延伸到个人本身之外的一长串动因。她生来就有特定的能力和性格倾向，包括选择以这种方式而不是那种方式行事的倾向，还具有家庭灌输而来的其他倾向，所以任何对其好行为的“赞许”或对坏行为的“指责”其实都应该直接指向她的基因和她的父母。对赏罚的这种反对意见，提出了我在这里无法解决的关于个人责任的基本问题，但我想有必要注意，在分配时完全忽略这方面的考虑会显得多么极端。如果我们完全停止赞许或指责、奖励或惩罚他人，我们的社会互动就会发生根本性的变化——事实上我们将根本无法把他们当**人**一样对待。一旦承认这一点，我们就能看到，真正的问题不是赏罚应否在我们对正义的理解方式中扮演任何角色，而是它应该扮演多大的角色。尤其是，应该在多大程度上允许它决定对收入、财富之类物质资源的分配。

需求和赏罚给了我们两个基本理由来说明正义何以能要求我们对人们区别对待。还有一些不那么基本的理由。例如,人们常常会合理地期待自己得到某种与需求或赏罚无关的对待,有时正义会要求我们尊重这些期待。承诺和契约就是明显的例子。回到我前面所举的例子,也许我遇到的是这样一种情形,即我承诺将一百英镑给五人中间的一个,这时承诺就构成了把整笔钱都给他的充分理由。另一组可能证明特殊对待之正当性的理由包括归还或补偿。曾被不正当剥夺了本归其所有的利益的人,有权要求将此利益归还给他;在无法归还时,则有权要求得到同等价值的其他事物作为补偿。(我将这些理由描述为不那么基本的理由,是因为它们预先假定这些期待是在已经足够公正的现实情形中形成的。)我们再次看到,行使正义是一件复杂的事情,怎样才算给某人应得之物在很大程度上是由实际情形决定的。

目前为止我一直在考察一般意义上的正义,并未具体考虑政府在促进正义方面所扮演的角色。本章剩下的篇幅,我想要探讨**社会**正义的观念,依此观念我们将能够落实一套确保利益与成本在全社会公平分配的社会和政治制度。这种观念最初出现于19世纪后期,并在整个20世纪占据了政治辩论的中心。它要求国家比先前的国家(即使其成员曾希望如此)更多地涉足分配问题。这也是一个有争议的观念:虽然只有少数的极端怀疑论者对这样的正义观念进行攻击,社会正义却受到了主要是自由主义右派批评者的嘲笑,他们认为社会正义是对个人自由的侵蚀,尤其是对为市场经济所必需的经济自由的侵蚀。

让我们更周密地考察一下对社会正义的攻击。像奥地利经济学家和哲学家弗里德里希·哈耶克[①]这样的批评者认为，首先仅仅谈论社会正义就已经犯了根本性的错误。对哈耶克来说，正义从根本上讲是一种个人行为的属性：如果一种行为违反了社会赖以使其成员相互合作的普遍规则，它就是不公正的——比如说盗窃是不公正的，因为它违反了保护财产的规则。但如果我们看一看资源——金钱、财产、就业机会等——是怎样在社会中分配的，就无法将这种分配描述为公正的或不公正的，因为它不是产生于单一主体的行为或选择，而是产生于千百万个别的人的行为和选择，其中没有任何人打算创造出这种或那种特定的分配结果。

考虑到当今世界中任何社会都具有的复杂性，哈耶克指出"社会分配"不能归结于任何单一的分配主体无疑是正确的。但他所忽略的是，我们在自己身边观察到的分配模式，在总体框架方面有赖于我们有意无意创造出来的制度——比如管理财产和契约的主导规则，税收体系，用于卫生保健、教育和住房的公共开支的水平，就业政策，等等。这些制度都能由政治决策加以改变，所以如果我们听之任之，就相当于作出了接受现有资源分配方式的决定。而且，我们能在总体轮廓方面(如果不是在准确细节上的话)弄清计划中的制度变革将会产生什么影响。就此而言，在民主政体下，社会中的资源分配——谁得到什么利益，收入分布的范围有多广，等等——是某种我们的集体控制力所能及的事情。因此，完全有理由追问社会资源的公平分配看起来是怎样的，即追问社会正义要求我们做什么。

但这并不是说社会正义是我们应该去追求的某种东西。哈

① 弗里德里希·哈耶克(1899—1992)，出生于奥地利的英国自由主义经济学家、政治哲学家，1974年获诺贝尔经济学奖。

耶克的第二项主张是，试图让资源分配符合我们所赞成的分配正义原则，我们就会破坏经济自由，这是在杀鸡取卵。让我们假定哈耶克的如下主张是正确的：市场经济是组织生产和交换的最有效的形式，任何替代选择都会导致经济发达社会的生活水平出现无法忍受的降低。问题在于，追求社会正义是否意味着放弃市场经济，还是有可能**通过**市场经济去追求这一目标，尽管这种市场经济是以正确的方式形成的，同时还有配套的制度在发挥作用。

这里我们需要看看对社会正义观念的不同阐释方式。最激进的版本将社会正义简化为平等原则和需求原则，马克思主义者和我们在第二章遇到过的某些社群主义无政府主义者采纳的就是这种版本。按照这种观点，公正的社会就是每个社会成员都尽其所能地作贡献，但资源是根据需要来分配的，剩余的资源则平等分享。这里容不下人们需要激励、应该为自己所作贡献得到物质奖励的观点。这样的社会能够存在吗？在很小的规模下无疑是能够的。我们有许多社群的例子，其成员以这种极端形式在他们中间实践社会正义。这些社群大多具有宗教基础，依靠宗教权威维持这样一种价值观，即每个成员都为社群的共同利益而工作，不期待任何个人的奖赏。但也有一些实现了同样目标的世俗社群的例子，最值得注意的是以色列的集体农场。这些社群至少在其内部是无需市场的。它们依靠有时被称为“道德激励”的东西——人们作贡献既是因为他们确实相信应该这样做，也是由于他们感受到了邻居注视自己的目光。

问题是在大型社会中能否以这种方式实行社会正义。可以在小社群中出现的人们行为间的非正式协作，在这里似乎难以发生：经济要么以市场为基础，人们得到激励去生产他人想要消费的资源;要么是国家导向的,由中央权威计划生产什么产品并根据计划指导个人行为。尽管在理论上可以设想不依靠物质激励的市场经济或中央计划经济,但在现实中已证明这是不可能实现的(20世纪中期,某些共产主义政权曾试图以道德激励替代物质激励,但都算不上成功的试验)。用激进的方式追求社会正义,看来的确要求放弃市场,要求在相当不同的社群主义基础上对社会加以重构。

但是还有一种不那么激进的社会正义观,它为许多民主社会主义者和当代自由主义者所信奉。按照这种观点,社会正义要求对某些社会利益进行平等分配,尤其是投票和言论自由之类的平等公民权。它又要求某些利益的分配以需求为基础,以保证每个人都得到足够的收入,得到住房和卫生保健,等等。但它也容许其他资源的不平等分配,条件是人们拥有设法获取更大份额的平等机会。这些不平等可以用应得的观点来证明其正当性,也可以这样来证明:为人们提供物质激励以促使他们努力工作、创造他人所需的物品和服务,可以使每个社会成员都从中受益。

约翰·罗尔斯对这种社会正义所作的阐释也许是最具影响力的。他在《正义论》一书中提出,一个公正的社会必须满足三个条件。首先,它必须给每个成员一组最广泛的基本自由(包括投票权之类的政治自由),这些自由与其他人所获的同样自由是一致的。其次,具有更多优势的职位——例如报酬更高的工作,必须在机会平等的基础上向所有人开放。第三,收入和财富的不平等,只有在证明有利于社会中最少受惠者的利益时才是正当的:也就是说,它们为提高社会总体生产率提供了激励,从而允许更多的资源向社会底层人群流动。

图 11　约翰·罗尔斯，影响极大的《正义论》的作者。

罗尔斯的社会正义理论明确为市场经济留出了空间：他所阐述的第三个原则预留了这样的可能性，即要想使人们有足够的动力去努力工作和以最有效的方式发挥自己的才能，恐怕得让他们保留至少一部分通过为市场提供物品和服务所获得的利润。这动摇了哈耶克社会正义与市场自由两种目标相互冲突的看法的基础。另一方面，按罗尔斯式原则所施行的市场经济，看起来会和今天大多数自由民主政体中存在的经济体系很不相同。

首先，罗尔斯的机会平等思想是相当极端的。仅仅在决定人选时将优越的职位赋予那些证明自己更有资格胜任的人是不够的。还必须保证申请者有平等的机会使自己变得胜任，这意味着从出生的那一刻起，具有相同天赋和相同动机的人都应该在学校和其他地方得到相同的机会。这项条件显然与任何既存社会的现实相去甚远。不仅如此，罗尔斯的第三个原则（通常被称为“差别原则”）只有在证明有利于处境最差者的情况下才容许不平等。这在实践中将意味着政府应该调整税率，以便不断地对利益进行从富人到穷人的再分配，直至达到处境较好者的效率开始下降、税收的回报也随之降低的临界点。尽管大多数民主国家的税收体制多少具有再分配性质，却都远远达不到这一要求。它们的征税方式能保证为所有公民提供足够的福利水平，但没有一个政府像某位前劳动部长丹尼斯·希利(据说)曾经提出的那样，试图“榨干富人的最后一滴血”。

我自己的观点是，社会正义的理论应该保留罗尔斯的前两个原则——平等自由和机会平等——但是用另外两个原则来替代差别原则。第一是坚守社会底线的原则，这要从给予每个公民以体面生活所必须满足的一系列需要来理解；如前所述，这个最低限度不是固定的，而是随社会和时代的不同而有所变化。第二是应得原则：收入和财富的不平等应该与不同的人所作的相对贡献成比例，这要由他们成功创造他人所需或所欲的物品和服务来衡量。和罗尔斯的理论一样，这些原则并不必然要求放弃市场经济，但它们的确要求国家维持一个广泛的福利体系，要求国家调整规范市场运行的法律框架，以便通过收入方面的途径在人们所作的经济贡献与他们所得的报酬之间建立尽可能密切的联系。这就要求当前资本主义经济运行方式实现巨大转变，因为现有的财产所有权和财产继承方式，容许人们由于运气、继承、法人地位等原因获得巨大的收益——这些因素与他们对社会的贡献无关。事实上，对社会正义的追求也许会把我们引向一种市场社会主义，在此形式下经济企业由在企业内部工作的人们——而不是外部的股东——占有和控制，从而使利润可以由实际生产者来分享。这不是为马克思和其他激进社会主义者所称道的共产主义，因为它允许更努力工作和更有才能的个人获得自己的劳动果实；但它仍然偏离我们的政治常态，至少目前为止就自由民主政体而言是这样。

和民主一样，社会正义是一项未完成的事业。政治哲学家所要做的是简明扼要地告诉我们一个公正的社会将是什么样的，他们既无须建造空中楼阁，也不必过分迁就当下的政治现实。现在许多人相信，对社会正义的追寻已经被全球性发展所中止了，后者削弱了任何国家按照正义的要求调节市场经济的能力。我将在本书最后一章回到这个问题，但首先我想转向对传统意义上的正义的另一种挑战——来自女性主义者和文化多元主义者的挑战。

第六章

女性主义与文化多元主义

在今日的西方民主政体中，关于女性和文化少数群体之地位的争论得到了政治上的极大关注。女性主义者和文化多元主义者常常声称，那些与他们息息相关的问题——关于个人身份性质的问题，关于是否可能在公共生活与私人生活之间划分界限的问题，以及关于尊重文化差异的问题——已经取代了我在前文探究的权威、民主、自由、正义等问题。事实上，政治本身的性质已经改变了：现在它与政府机构中发生的事情没有多少关系，而与日常互动中的个人——男人与女人、白人与黑人、基督徒与穆斯林——之间发生的事情关系更密切了。因此，政治哲学需要用全新的视点来重新书写。

我相信这样的说法有些夸张，本章将试图解释原因何在。女性主义者和文化多元主义者提出的问题当然很重要，它们将改变我们思考政治的方式。但它们不应该替代旧有的问题，这些问题仍和以前一样紧迫。相反，它们为思考这些问题提供了新的维度。我在这里的目的是要探讨，女性主义和文化多元主义的主张能在多大程度上促使我们对权威、民主、自由及其限度、正义等问题作出不同的思考。

要保持洞察力，一种方法是去追问女性主义和文化多元主义在什么情境下占据了政治辩论的中心。或者把问题反过来说，是什么原因导致在许多个世纪中，男性与女性之间的关系和少数文化群体的地位总是习惯性地在政治思想著作中遭到忽略？这很容易让人将其视为某种巨大的疏忽，或者认为社会主导群体将这些问题排除在议程之外。就女性主义而言这无疑是正确的：过去由男性书写的政治哲学想当然地认为女性对男性的从属地位是一个自然事实，认为女性在政治生活中没有积极角色可扮演，等等（偶尔也有例外——约翰·斯图亚特·密尔就是一个——不过这种例外总是难得一见）。但他们的想当然主要是因为没有人提出相反的主张。虽然我们可以凭借后见之明指责他们的沙文主义——许多著作就是照此脉络来写的，但更有用、在某种意义上也更诚实的做法，是问一问自己社会中有什么因素促使我们如此严肃地看待女性主义和文化多元主义的主张。我们怎么能够看到自己的前辈公然无视的事情呢，比如说，绝没有理由认为女性不该享有和男性相同的职业机会？

我相信答案在于，我们生活于其间的社会建立在对自由和平等的承诺之上，但对女性和来自少数文化群体的人们来说，到目前为止社会还未能实现这些承诺。我们最深刻的信念之一是，应该让每个人都能按照自己选择的方式去生活，只要遵循我们在第四章所探讨的那些限制；另一个深刻的信念是，每个人都有权要求作为平等者被对待，无论表现于被赋予平等的权利，还是被给予平等的机会。考虑到这些信念，如果社会中一部分人只能享受范围更小的个人自由，或者得到的待遇低于现有社会和政治制度下的平等水平，它就成了一个极受政治关注的问题。因此，比如说，当女性被剥夺了男性所拥有的将职业与家庭生活协调地结合起来的选择权时，或者当少数民族成员在就业市场上的机会少于其他人时，就意味着他们没有被当作完全自由和平等的社会成员加以对待。人们有时很容易指责女性主义者，特别是指责她们的主张站在既有特权者一边。我们得知一位受雇于顶级城市机构的女性提起了一场法庭诉讼，因为她拥有的购股权比她的男性同事少了好几百万。按照任何合理的比较标准，我们都会认为她已经做得非常好了。这种反应在某种意义上是对的，在另一种意义上却并非如此。它忽略了在一个承诺平等对待的社会中被歧视的体验，纵然拥有舒适的生活方式，它也必然会贬损作为一个人的价值。

女性主义者为种种改造社会的途径摇旗呐喊，其意在于让女性享有充分的——而不仅仅是名义上的或部分的——自由和平等。文化多元主义者为这样的民族、宗教和其他群体提出了相似的权利要求：其成员遭到主流群体的歧视，或者整个文化得不到后者的尊重。每种立场都会产生不同的看法，但与其机械地广撒渔网，我更想探讨女性主义和文化多元主义对前文所述观点构成的一般性挑战。

让我们从政治权力和政治权威的问题开始吧。在第二章里我把它视为一个**国家**权威的问题；换言之，我假定至少在现代社会，当我们问及政治权威应该采取何种形式时，其实是在问国家应该如何构造。但是许多女性主义者对这种理解政治的方式提出了挑战。她们主张，在人们卷入政治关系的公共领域与非政治关系的私人领域之间划出一条界限，如果并非不可能，至少也是很成问题的。换句话说，她们将政治视为一种更具渗透性的现象，与我们生活的各个方面息息相关。这一挑战被概括为一句口号："个人的就是政治的"。由此推论，如果我们要谈论政治权威，就不能光谈国家对其属民行使的权威，还得谈论男性对女性行使的权威。

使这种挑战更有力度的是一个确定无疑的事实，即男性——不仅是过去的，在某种程度上也包括现在的——对女性行使着权力。他们这样做，部分是通过保持她们经济上的依赖性——女性为了生存而不得不依靠养家的男性；部分是通过传播关于女性在生活中的适当角色的观念，这种观念已逐渐为女性自己所接受；还有部分是通过纯粹身体上的强制——在男性的命令不被服从时以暴力相威胁。这些就是关于两性关系的大体主张，但并不是说每个个体男性都曾使用全部三种手段来束缚女性，毕竟女性常常能找到抵抗的办法；但尽管如此，它们的确指向一种在政治哲学中常常不被察觉的权力。当霍布斯这样的政治哲学家们论述权力斗争和如何控制权力斗争时，他们想到的是男性之间的关系——似乎两性间关系的问题已经得到了解决。

可这并不一定能推导出，我们从现在起应该把这些关系视为政治性的。尽管政治与权力有关，即关乎谁应该拥有权力以及应该怎样控制它，可并非一切权力关系都是政治关系。举几个熟悉的例子，诸如教师对学生的权力、雇主对工人的权力、将军对士兵的权力。每个例子中前者都能让后者按照自己所希望的方式行事，部分是通过行使被自愿接受的权威，部分是通过在命令得不到服从时以某种后果——禁闭、解雇、军事审判——相威胁。那么这些关系为什么不是政治关系呢？我们需要想一想，是什么使政治成为人类生活中一个独特的组成部分。首先，政治虽然涉及决定的作出和执行，但它是以特定的方式来作决定的，即让不同的声音和不同的利益都有机会得到倾听。它不必然是民主的——皇室宫廷中也有政治;也不必然是道德上纯洁无暇的——其中不仅有讨论和争辩,也有威胁和妥协。但是在独裁者无须倾听任何其他声音或与利益相关各方商议就能将自己的意志强加于人的地方,是不存在政治的。其次,政治权威与人类生活的每一个方面都潜在相关。虽然我们能够也应该对它加以限制——我们应该划定一个政治决定不得侵入的个人自由的领域,就像在第四章看到的那样——可划定这些领域的行为本身就是一个政治行为。政治也是我们借以确定处于不同社会阶层的个人应该能够行使什么权力的途径。教师对学生的权威应该有多广、雇主与工人的权利和义务分别是什么、将军在管理军队时可以做什么不可以做什么,都是关于政治决定的问题。

如果政治具有这些显著特征,我们就能以不同的形式来表达女性主义对政治权威发出的挑战。女性主义者就男性与女性之间关系所指出的,与其说是这种关系所固有的政治特性,不如说是**政治**在处理这种关系上的**失败**。就其迄今为止的组成形式而言,政治权威还没有为存在于两性之间的特殊亲密关系设置足够的限定因素。这体现在许多方面:它未能为女性提供充分的身体保障,尤其是保护她们免遭家庭暴力;未能保证女性在许多重要的生活领域享有和男性同等的权利;未能为女性提供足够的个人自由(我马上会探究这指的是什么)。正是这些政治失灵使男性得以在个人生活中对女性行使权力,一个显而易见的原因在于,许多世纪以来女性几乎完全被排除在传统意义上的政治领域之外。

这直接把我们引向女性主义和文化多元主义对当前实行的民主的批评,但在探究这些批评之前,我想更仔细地看一看

图 12　女性解放的代价：呼吁女性参政权的埃米琳·潘克赫斯特在白金汉宫外被捕，1914。

自由的问题。如我们在第四章所见,自由通常被理解为一个受保护的行动领域,其中每个人都有机会和手段来决定自己过什么样的生活。女性主义者——文化多元主义者也提出了相似的主张——从两个方面挑战了这种观点。第一,她们认为女性在私人领域其实比政治哲学家通常想象的更不自由。第二,她们认为用密尔的术语来说或许显得纯粹“涉己”的行为,事实上可能会对女性的利益产生破坏性影响。

我们已看到,自由包括向一个人敞开的一系列选择项,但也包括在这些选项中作出选择的能力。在过去,向绝大多数女性敞开的选择项显然是很有限的。她们除了结婚、养育孩子、在家庭内或与之密切相关而又数量有限的职业领域工作之外,几乎没有什么选择。20世纪见证了女性自由这一外在方面的显著变化。不仅几乎所有职业都至少在形式上向女性敞开了,而且现在在个人关系领域中也有了真正的选择——要不要结婚、到底要不要建立异性关系、要不要生孩子,等等。这并不是说她们在所有这些方面都享有和男性**平等的**自由,因为如我们再次所见,自由也是一个不同行为过程所需成本的问题,比如当女性决定将事业与养育孩子结合起来时,她们常常必须承受额外的代价。但更麻烦的问题与自由的内在方面,即作出选择的能力有关。

女性主义者声称,女性仍然受到社会中形成已久的文化规范的束缚,即使她们不再受到身体上的强制去服从这些规范。这些规范尤其涉及女性的外表应该怎样、行为应该怎样、应该与男性建立什么样的关系,等等。它们在人生的早期阶段内化于一个女性的观念中,此后就很难动摇。显然,女性在许多生活领域的确作出了真正的选择——职业、宗教、广义上的生活方式——但几乎总是受到关于女性特质的普遍观点的束缚。这可能导致破坏性的结果，譬如过分关注身材相貌会引起十多岁少女的厌食症，关于男女在家庭内部所扮演角色的既定观念会使女性屈服于极不公平的家务分工，等等。

这个问题之所以这么难解决，是因为它和另一个女性主义者自身也未达成一致的问题纠缠在一起：男性和女性是否在本质上具有相同的天性，抑或男女之间存在深刻的差别从而意味着他们所偏爱的生活方式总是相去甚远？如果后者是对的，我们就不应该急于假定当女性选择遵守某些文化规范时，这些选择是不可信的。这并不意味着我们必须接受，比如说，导致十多岁的少女让自己挨饿的规范。但至少存在这种可能，即比男性更关心自己的外表是女性天性中根深蒂固的一部分。在这种情形下，她们就生活的这一部分所作的选择显示出与男性不同的模式，这并没有损害她们的自由。

我们怎么能断定，男女在选择时的上述区别仅仅是可变的文化规范的结果，还是反映了与性别密切相关的差异呢？这个问题如此复杂，最明智的做法也许是跟随约翰·斯图亚特·密尔的指引并继续信奉不可知论。如密尔在《女性的从属地位》（这是20世纪以前极少的几本女性主义政治哲学论著之一）中所写：

我不认为有任何人知道或者能够知道两种性别的天性，既然只能在当前的相互关系中看到他们。如果在没有女性的社会中见到男性，或者在没有男性的社会中见到女性，或者存在一个男女同在而女性不受男性控制的社会，那我们可能已经明确知道了一些或许是各自天性所固有的精神上和道德上的差别。

既然没有这方面的证据，我们很有理由保证自由的外部条件对男性和女性来说是相同的——他们可得的选择项和作出选择引起的成本是相同的。在此之外，我们是必须同时设法打破关于男性和女性各自该如何行事的主导文化规范的控制，还是相反，应该保证传统的女性规范享有与传统的男性规范一样高的价值呢——如我所言，这仍然是一个女性主义者自身争论激烈的问题。

文化少数群体——他们的宗教或种族认同与社会中的多数群体有所不同——也面临着个人自由的障碍。即便在现代自由主义社会中，他们在形式上享有和多数群体成员一样的教育和就业机会，可是要把潜在的选择空间落实为实际选择行为常常需要付出额外的成本。例如，也许会对工作制定一些来自少数群体的人难以遵守的规范——比如有些着装要求与宗教的或传统的着装规范相冲突；也许会以与宗教习俗不相容的方式来安排工作周，如要求人们在指定为安息日的那一天工作；等等。文化多元主义者主张，必须在不仅仅是形式的意义上实现机会平等。这里的问题是，也许成本本身就会呈现为选择问题。比如说，如果我由于宗教原因选择不吃猪肉，很显然这并未限制我的自由：这种约束是自愿接受的。那么如果由于我坚持特定的穿着样式，许多雇主不愿给我提供一份工作，和这有什么区别呢？我可以选择不以这种方式着装。

为了解决这个问题，我们需要确定一种穿着模式，或者事实上任何其他类型的工作规范对于我们所考虑的工作来说是否必不可少。在某些例子中穿着要求也许是出于安全考虑而强制推行的。另一些情况下涉及的也许是审美问题——比如说演员和舞蹈家必须作好心理准备接受制作设计师所选定的服装。

但如果这种模式只不过是习惯性的，那么文化少数群体就有理由声称自己的职业选择自由受到了限制，除非放弃或者放宽这种模式。（当然，他们也必须证明自己的穿着要求具有深刻的文化根源，所以破坏它对于当事的个人来说是代价高昂的。）

这样我们看到，女性主义和文化多元主义的挑战方式也许会迫使我们作出修正的，不是自由观念本身，而是我们如何理解人们真正自由地选择自己生活道路的条件。这同样适用于我们对自由之限度的考察。我在第四章举例说明，看起来对他人完全是防御性的（因而按照密尔的定义不是“涉他”的）行为怎么会变得不止如此——假如结果是受其影响者被迫改变自己行为的话。女性主义者和文化多元主义者也许想把这个论断再推进一步。例如他们会声称，女性和文化少数群体（尤其是在大众媒体上）被描绘的方式会对他们总体上被对待的方式产生重要影响。譬如说，如果女性被表现为性的目标，或者黑人被刻画为罪犯或毒品贩子，这将会也许是不知不觉地影响到有权决定雇用或升职者的行为。言外之意是，表达自由应该受到比我们以前所想的更多的限制。损害弱势群体利益的表达应该被制止。为此，某些女性主义者呼吁禁止色情文学；宗教少数群体的代表要求制定关于渎神的法律禁止对其宗教的毁谤言论，就像萨曼·拉什迪出版《撒旦的诗篇》一书后某些穆斯林所做的那样。

这些要求向坚决主张个人自由的社会提出了难题。毕竟，自由的价值不正在于它容许人们挑战惯例、容许人们震惊和愤怒并容许人们以这种方式促使他人质疑自己的既定信念吗？我们怎么能对冒犯了一群人的表达或行为加以称颂，反过来又试图对冒犯了另一群人的表达和行为加以禁止呢？由于很难在这样两种表达形式——一种虽然冒犯他人却又是解放性的,另一种则纯粹是冒犯性的——之间划出界限,我们可以得出结论说法律在这个领域是一件鲁钝的工具;一般说来,应该让人们自己去判断哪些表达是可接受的、哪些不是,只有在公共场合发表的种族主义言论等极端情形除外。这不排除关于这些问题的公开辩论,它可以让人们进一步意识到,在具有不同文化背景的其他人看来什么是冒犯或者侮辱。在一个文化多元的社会,对其他群体文化价值的普遍尊重是一种重要的美德。与此同时,不屈服于具有负面作用的政治正确要求也很重要。在文化能够容纳敌视自由和平等的元素,尤其是女性的自由和平等的地方,我们应该毫不犹豫、坚定不移地这么说,即使这意味着冒犯。

现在让我转向民主问题。在有普选权的社会中,女性主义者和文化多元主义者面临的一个主要问题是女性和文化少数群体代表在立法议会中的相对缺席。这个问题何以重要呢? 有人从另一个方面辩称,代表们是由全体选民选出来并向选民负责的, 所以就算实际出席议会的女性和少数群体成员很少,他们的利益和关切也能通过代表他们的(白人)男性被传递出来。换句话说,重要的是责任机制,而不是事实上谁被选出来坐在议会或国会里。

这个回答忽略了如下事实:在当前存在的民主政体中,当选的代表拥有对问题作出决定的多项自由,这些问题是选民们从来没有机会去决断的。我在第三章讨论了深化民主、让人民更充分地参与决策的方式,如果这些方式得以实施的话,选谁来代表他们就确实没那么重要了。可现在它是非常重要的。要求增加女性和少数群体代表的理由是,在一些重要的问题上,

图 13　穆斯林在英国布拉德福德焚烧《撒旦的诗篇》,1989。

不属于这些群体的人很难充分理解他们的看法和利益。所以，举例言之，如果一个与宗教习惯有关的问题被提交给议会或国会，比如涉及工作歧视的情形，那么下面这一点就很重要了：应该有出席会议者能够解释这种习惯的意义、它对于当事群体生活的核心意义或其他作用，等等。这同样适用于女性所特别关切的问题，比如说产假或儿童护理问题。

让代表与人口数目严格地成比例并不是根本问题。重要的是每一种主要观点都能在立法机构中得到充分的代表。这是从我前面对民主的描述中得出来的：民主是一种经由所有相关人员的开放式讨论达成政治决定的制度。这里假定相关人员都愿意倾听对方的论辩、以公正为标准进行权衡并相应地改变自己的观点。当然，民主并非总是这样运行，但尤其对于少数群体来说，尽可能这样去做是很重要的。他们毕竟是少数群体。如果每个人都只根据自己的局部利益来投票，少数群体的利益就注定会受损。论辩的力量是他们唯一的武器。

这种看法受到了某些女性主义者和文化多元主义者的挑战，他们声称通过理性论辩来作决定的想法本身就是对这样一种制度的偏爱：该制度对那些已经适应了这种讨论的人更加有利。他们辩称，女性和少数群体可能需要使用更有激情的言论形式来为自己辩护；他们还建议，某些问题应该留给最与之利害相关的群体来解决，所以关于堕胎、避孕等生育权的问题应该交由女性独自决定。我在第三章关乎少数群体的普遍问题上指出，民主政体应该乐于将某些基本权利写入宪法，这正是为了保护少数在任何时候都免受对其不利的多数的侵犯。我还提出，像联邦制那样创建分立选区以解决不同的问题，可以在民主的基础上证明其正当性。然而这里的问题是，许多与女性和文化少数群体密切相关的问题，也和其他群体存在很大的关系。堕胎是一个明显的例子。不管人们多么倾向于认为这个问题仅与女性有关，但显而易见，尤其是宗教群体也与之有着深刻的关联，他们相信在堕胎之时包含了对人类灵魂的摧毁。人们无法将这种关切归为疯狂而拒绝考虑，除非他们愿意以同样的方式对任何具有宗教基础的其他文化主张背过身去。所以唯一的解决办法是努力通过争辩和讨论，寻求一种至少能在最低限度上让对方接受的关于堕胎的立场，这再次突出了使制定决策的机构能够充分代表各种观点的重要性。

在这一章的最后，我们要谈到正义问题：女性主义者和文化多元主义者如何对主导性的社会正义观发起了挑战，我们又该如何回应这些挑战？在此我想聚焦于两个特殊问题：家庭正义，即家庭生活中男性与女性之间的正义；以及积极歧视，即旨在促使女性和少数族群获得更好的教育和工作机会的措施。

社会正义，如我在上一章所指出，关系到社会和政治机构在个人之间进行的利益分配和成本分摊。在传统意义上，其焦点在于财产和税收制度、卫生保健和教育产品的公共供给等。但我们能把注意力仅限于这些公共机构的分配结果吗？女性主义者指出，我们还需要考虑在家庭单元内部发生了什么，看看**它**如何分配利益和分摊成本，看看这对更广泛的工作、收入等分配具有什么影响。更具体地说，她们认为没有家庭正义，就无法实现女性应得的社会正义。

今天许多人都同意历史上家庭对女性的待遇是不公正的——或多或少将她们置于其男性亲属的支配下，后者不仅只须干很少的家务活，还因为自己作为养家者的地位而控制着家庭的财政权。可是现在，女性似乎已在公共领域中获得了独立，她们赢得了法定权利、政治权利和进入劳动市场的平等资格；家庭背景下的男女关系必然也发生了深刻的变化：他们如今在平等的基础上相处。换言之，对女性来说一旦实现了（通常意义上的）社会正义，家庭正义就会随之而来。然而这种乐观主义信念并未在实践中得到证实：女性的地位无疑在许多方面提高了，但仍然存在大量的不平等，尤其是在男女分配家务劳动的方式上。即使在双方都有全职工作的情况下，女性仍要承担家务活中最大的一份。假设这些家务活使人烦累的话（真的有人能从使用吸尘器或者熨烫衣服中得到乐趣吗？），这看来就是不公平的。

女性还由于如下事实而吃亏：在孩子出生后，其职业生涯中断的时间几乎总是比男性更长，生育期结束后常常是回到就业市场从事兼职的工作，或者在升职阶梯上的前进速度总是比地位相似的男性更慢。和公开的性别歧视差不多，这似乎也解释了女性总体上比男性挣的钱更少、在各种职业最上层被代表的程度也更低这一常见的事实（只有很少的女性执行总裁、法官、教授等等）。

但我们不应该急于得出这样的结论：由于男性和女性在某些方面终究是不平等的，这就必然是非正义的。毕竟，有些不平等的结果依然是公正的——譬如当它们反映了人们所作的不同选择时。所以对于我刚刚提出的例证，需要考虑的一种回应是女性已经同意了看起来对她们不利的安排；可以说，她们将其视为家庭协议的一部分而加以接受了，即她们应该承担大多数家务、应该拥有不如男性伴侣那么辉煌的事业。

她们为什么会同意这样的安排呢？大概是因为仍然存在着关于男性和女性各自角色的规范，这些规范告诉我们女性对于持家和育儿负有特殊的责任，而男性对于在外挣钱负有特殊的责任。所以尽管现实中绝大多数到了工作年龄的女性都能在劳动市场上被雇用，但男女两性倾向于把她们的工作视为一种额外津贴，视为她们主要责任之外的某种附属品。可就算女性接受这种观点，就付出和回报的平衡来说，它也显然是对她们不利的。这种规范是先前时代的遗留物，人们的自愿接受并不足以使它变得公正（我们知道，即便是奴隶也接受了确认其奴隶身份的规范）。

表明家庭正义在我们的社会尚未实现是一回事；明确说出家庭内部正义要求的是什么却更为困难。我们是应该坚持把平等分摊成本和分配利益作为所有夫妻的准则，还是为人们留出根据各自情况作出不同安排的余地呢？或许关于女性之适当地位的旧有规范一旦消失，自愿同意的原则就会盛行起来。如我们所见，有些女性主义者坚持认为在男性和女性之间存在深刻的差异，尤其是关乎他们在育儿方面的角色；认为严格的平等是在强迫女性以违背她们生理天性的方式行事。从以上角度来说这是正确的，家庭关系中的公正应该与家庭生活中的灵活性相兼容，伴侣们可以根据各自的偏好和能力去选择家内和家外工作的划分。

最后，我们在本章还要考察一下反歧视行为和积极歧视政策所提出的问题。女性主义者和文化多元主义者都对关于机会平等的传统观念提出了挑战，这种观念意味着挑选人们去工作或上大学必须严格以其成就为基础。相反，他们主张，正义也许要求我们对女性和/或少数族群成员加以积极歧视——换言之，遴选委员会应该增加一个额外的因素，即考虑申请者是否属于这些群体之一。当然，这样的政策已经被大学和雇主相当广泛地实施了,可它们仍然是有争议的。

我们需要区分可能赋予积极歧视政策正当性的两种情形。一是评估成就的标准方式，比如依赖考试成绩或测验结果,往往会低估女性或少数群体成员的真实能力。这或许是因为测验包含了潜在的文化偏见,或许是因为这些人获取测验所要评估的技能的机会更少——比如说由于更差的教育背景。如果能够证明这一点——考虑到现在学校里女孩的表现往往要胜过男孩，这在被剥夺的少数族群那里似乎比在女性那里可信得多——积极歧视政策其实是达到机会平等的一个更好的办法。在原则层面上不存在争议:争论仅仅在于,用什么方式可以最好地保证把真正胜任的人挑选到有利位置上去。

但是还有第二种证明正当性的形式,它**确实**提出了原则性的问题。它起始于当前女性和少数族群在社会上等阶层中的代表性明显过低这一事实,并提出将积极歧视作为纠正偏差的最佳手段。换句话说,确保有许多女性、黑人、穆斯林等占据商业、各种专门职业、文官等领域的高层职位,应该是社会政策的一项重要目标。按照这种观点,社会正义不仅是公平对待个人;它还具有一个以群体为基础的重要元素。正义的社会应该是这样一个社会,其中一切主要群体都在各个社会领域按照大致的人数比例被代表。

假定个人机会的真正平等是真实的,即人们总是基于成绩被挑选到工作岗位和其他位置上,也有同等的机会去获得被视为专长的技能和能力;但是社会中不同群体的成功却被证明或多或少是总体性的,某些群体占据了大多数的上层职位,另一些则群集在社会底层。我们能不能说不那么成功的群体是群体间不公的牺牲品呢?如果它们的成员是有意选择不去申请更好

图 14　多元文化的和谐：诺丁山狂欢节，1980。

的工作(比如说由于文化上的原因),那就不能。但一般说来这似乎不太可能(也许有一些特殊的工作,使某些群体出于文化原因而感到不合意)。更有可能的解释是,如果群体成员在过去一直倾向于从事地位较低的工作,这些群体就会具有较低的期望值和自我价值感,因而只有很少的成员相信自己有机会爬到职业阶梯的上端——所以他们宁愿不去尝试。

我们应该关注这种状况。这些群体地位低下,其个体成员不去争取本来可以拥有的机会,这种状况对群体本身、事实上对整个社会都是不利的。积极歧视政策也许是有用的,它可以表明如果得到最初的推动力——比如说一所好大学里的职位——少数群体成员能够表现出怎样的能力。这些人可以扮演行为榜样,鼓励其他人跟随他们的步伐。所以总的来说,这样的政策或许能够在总体成效上证明自身的正当性(非洲裔美国人也许是最好的例子)。但这并不意味着它们是正义所必需的内容,也不意味着可以仅仅因此而将抱负和成就较小的群体描述为非正义的牺牲品。事实上这里也许存在着现实的价值冲突——在公正对待个人与确保种族和其他群体充分融入广泛的社会生活之间。我在本书开始不久就说过,政治哲学家应该抵制政治家们常常受到的诱惑,即假定自己偏好的政策不会牺牲其他价值。在此我们应该推断,积极歧视只有在事关保证个人之间的实际公正,即发现真正的成绩时才是正义的。如果超出这个范围、变成一种提高某个群体相对于其他群体的整体地位的手段,那么无论这种政策在总体上多么可取,它也不再是一个正义的问题了。

我在本章开头指出,我们不该把女性主义和文化多元主义视为历史更久的政治哲学问题的替代品,它们只是用新的方式来提出这些问题。我希望现在已经证明了这一看法。女性主义者和文化多元主义者教我们用不同的方式思考政治权威、自由、民主和正义，尤其是在如下方面对我们形成了挑战：他们说明了在文化各不相同、女性期望得到与男性同等对待的社会中，这些价值应该如何实现。他们的著作丰富了政治哲学，引领它直接与当前争论最激烈的某些问题发生关联。

第七章

民族、国家与全球正义

在最后一章，我们要探讨关于政治权威和正义之**范围**的某些基本问题。我们要问，是什么使某些人类关系具有了政治性，另一些则不具有；正义的观念能不能运用于家庭领域内男性与女性之间的关系，以及社会中不同文化群体之间的关系。本章还将探究政治和正义的范围，不过现在我们要把视线投向外部而不是内部。我们将持续追问，我们最熟悉的政治单元——民族国家如今是否已经失去其原有效用，我们是否应该把政治看作在国际甚或全球范围内发生的事情。我们还将探讨在超越民族国家的层次上正义可能意味着什么：我们能否从全球正义的角度进行思考？如果能的话，适用于这个层面的基本规则与适用于国家政治共同体内部的规则有没有区别？

这些关于范围和规模的问题不仅仅是技术性的。从面对面的小型群体（在那里每个人都了解作为个体的其他人）到大型的社会（在那里我们对大多数其他人的知识是概略性的，即对他们只有类型或范畴上的了解；我们的知识是通过比如媒体报道而间接获得的），人类互动的方式经历了根本性的变化。值得回过头去看看在我们的壁画家洛伦泽蒂的时代，锡耶纳市是如何运行的。与当今世界占主导地位的政治单元——民族国家相比，它的规模非常小。在严格意义上的市区之外，锡耶纳的管辖权仅限于距离市中心不超过三十英里的范围，包括小镇、村庄和乡间。据估计，这个政治单元的总人口在1348年黑死病爆发之前最多曾达到十万人；其中约半数住在城区，只有少数居民具有公民身份。所以洛伦泽蒂——他的《好政府和坏政府的寓言》里有许多特征与锡耶纳有相似之处——描绘的是这样一个政治共同体，其政治领袖个人为许多公民所熟知，每天都能看到这些公民在城墙内从事着自己的营生。来自城市各部分的代表所组成的最高委员会，在公告员和钟声的召唤下聚集起来。在把锡耶纳描述为一个政治**共同体**(community)时，我们是在这个词本来的意义上使用它的。

我们今天所理解的政治哲学，首先出现于这些小规模的政治共同体，其中最典型的就是古典时期的希腊。在这里，至少是就城市内部生活而言，公民团体掌握着自己的命运；所以询问关于政府的最好形式、好的统治者应该具备的品质、正义的意义等问题是顺理成章的。这样的城邦或许为人类提供了他们曾经有过的统治好自己——实现自由、正义和民主——的最佳机会。那么它们为什么没有持久留存下来呢？答案在于，像雅典和锡耶纳这样的城邦总是很容易被更大的（政治）单元所占领和同化；它们必须愿意为维持自己的独立而不懈地战斗，在这样做时又不得不与相邻城市结成不稳定的联盟，这种结盟可以取得一时的成功，但从长远来看最终还是无法抵挡中央集权程度更高的帝国：雅典屈服于马其顿的腓力①，而锡耶纳在把自己置于米兰公爵之类邻近统治者的保护下而维持了些许独立性之

① 指马其顿国王腓力二世（前382—前336），公元前359—前336年在位。

后，最终还是被西班牙国王查理五世[1]所征服。城邦的失败不是由于它们内部的缺陷，而是因为在面对入侵军队时外部的软弱。

被证明能够抵制帝国的权力、同时仍然可以体现部分城邦美德的政治单元，就是民族国家。它是在远为庞大的规模上建立起来的，拥有占据了大块地理区域的数以百万计的人口，在都城聚集着国家自身的机构——议会、法庭、政府、军事指挥部等，但它仍能在某种意义上被视为政治共同体，因为它的成员认为自己属于一个与邻国区分开来的独特的人群或民族。要使这种情况得以发生，必须有通讯媒体将组成民族国家的许多地区相互联系起来，告诉每个地区的人们其他人在想什么、做什么。由于这个原因，历史学家本尼迪克特·安德森[2]将民族称为“想象的共同体”：和面对面的共同体不同，它们的存在有赖于共同的想象行为。人们必须学会把自己看作是法国人、美国人或日本人，而不仅是家庭成员或某个特定城镇的居民。

但是民族真的存在吗？抑或它们不仅是想象的，而且是纯粹虚构的？有什么东西能将居住在国界线一边的人们与住在另一边的人们切实区分开来吗？英奇司祭长[3]曾经说过，“民族是由对祖先的错觉和对邻居的惯常仇恨结合而成的社会”。和大多数好的引语一样，这句话包含着真知灼见。通常，民族认同的

---

① 查理五世（1500—1558），西班牙国王（1516—1556年在位）、神圣罗马帝国皇帝（1519—1556年在位）。

② 本尼迪克特·安德森（1936— ），当代著名政治学家和东南亚研究专家，代表作为《想象的共同体》。

③ 英奇司祭长（1860—1954），英国神学家，1911年被指派为圣保罗大教堂司祭长。

确产生于与某些相邻族群的对抗：是英国人曾经就等同于不是法国人，正如今天是苏格兰人意味着不是英格兰人，是加拿大人意味着不是美国人。各民族也典型地推行着关于其自身的神话——它们独一无二的道德或文化品质、它们过去的军事或政治（或体育）成就，等等。尽管如此，民族认同也不完全是虚幻的，它既可能成全美事，也可能为虎作伥。几乎在所有情形中，我们称为民族的群体都共有同一种语言，共有长期居住在一起的历史，以及不仅以文学形式、也在物质环境——城镇和都市的建造方式、景观的模式、纪念碑、宗教建筑等等——中表达出来的文化特性。当年轻一代在那些文化和物质背景下长大时，他们会不由自主地被这一共同遗产所塑造——即使他们会反抗其中的许多方面。

在民族拥有自己的国家的情况下，民族文化的影响力尤为强大。因为在这种情况下，文化传播会通过法律、政府机构、教育系统、全国性媒体以及刚刚提到的非正式渠道得以进行。民族与国家相互强化——国家的权力被用来巩固民族认同，而以这种方式被拴在一起的人们又更乐于接受一个共同的政治权威、更乐于在受到攻击时团结御敌。这解释了为什么民族国家作为政治单位被证明是相对成功的：它们足够大，不至于被帝国军队所吞噬；而与此同时，又能在需要抵抗的时候依赖其成员的忠诚。

当然，这种忠诚存在着下降的趋势。当民族国家像在20世纪的两次世界大战中那样相互争战时，它们能够造成早些时候所无法想象的大规模死亡和痛苦——早期最经常出现的战争主要是由为帝国服务的雇佣军来进行的。所以要为作为一个政治单元的民族国家辩护，仅强调它的军事能力是不够的。我们需要更多地说明一个其成员被共有的认同团结在一起的社会能够取得什么样的政治成就。

在这里我想提出两个观点。第一个观点是,这样一种认同使民主政府成功运转的可能性极大增加。回头看看第三章所讲的内容,我们看到,民主政治最大的困难之一就是让多数和少数互相协调——说服少数群体接受多数群体的选择,同时也说服多数群体不要压制少数群体的希望或利益,而是设法在作决定时将其纳入考虑。我在那里提出,有可能促进我们所称的“民主的自我克制”的因素之一,是各方之间的信任。在一个人们总体上信任他人的社会中,他们很少为发现自己在某个问题上处于少数地位而焦虑不安,而更乐于在不会对自己造成很大伤害的基础上让多数群体执行其决定。相反,在信任缺席或缩减的

图 15 加拿大人集会支持国家统一、反对魁北克分离主义,蒙特利尔,1995。(图中标语牌上文字为:“我们爱魁北克;留在加拿大;我来自多伦多”。)

地方，每一个决定都变得生死攸关。

来看一个简单的例子：设想我们有一部民主的宪法，我们所属的政党刚刚在普选中被击败。我们应该按照宪法的要求交出权力，还是发动政变、宣布选举无效呢？交出政府的控制权，我们就使自己面临着两种风险。一是我们的对手会利用他们刚刚获得的权力来迫害我们，或者最起码会采取有利于他们自己的支持者的不平等措施。二是尽管通过民主选举获得了权力，但他们不会尊重宪法，所以我们现在交出权力就是失去了重新行使权力的机会。（这不仅是一个理论上的可能性。众所周知，对于新生的民主政体来说，关键性的时刻不是第一次选举，而是在赢得第一次选举的政党被击败并被要求放弃公职的时候：它会怎么做呢？）我们是否愿意冒这个险，取决于我们对即将就职的人有多信任。

要使这一观点完整，我们需要追问是什么使人们更有可能信任他人，尤其是他们自己所不了解的人。研究该问题的社会心理学家发现，一个重要的因素是被感知的相似性：我们倾向于信任那些我们认为在某方面与自己相似的人们。不难想象对这一倾向的解释：它也许是我们从人类进化的早期阶段继承而来的特性，那时人们在扩展的亲属群体中互相合作，必须学会如何区分自己人和外人。在大规模社会中，人们在音形相貌上都难有共同之处，信任就成问题了。但民族认同可以帮助我们解决这个问题：我们也许在政治上不赞成另一方，甚至鄙视他们所支持的多数观点，可我们知道，他们仍然和我们有许多共同之处——共同的语言、共同的历史和共同的文化背景。所以我们至少可以相信他们会尊重民主政府的规则和精神。

我的第二个观点与社会正义有关。是什么使得人们愿意支持将会增进社会正义的政策呢，尤其是在他们发现政策实施后自己将会受损的时候？譬如说，他们也许必须支付更多的税款来创造为所有公民提供福利保障所需的资源，而对他们来说，私人购买卫生保健、教育产品等等也许会更便宜。或者为了给迄今仍很落后的群体创造平等的机会，他们必须放弃自己的某些既有特权，譬如为自己的后代提供找工作和上大学的捷径。他们为什么会这样做呢？在正义或公平的意义上，我们或许可以作出回答。但我们需要再次追问：是什么使人们愿意根据正义来对待他人？要对这些作出回答，我们仍要考虑共有认同的问题。

我们的确承认对所有人都负有某些正义方面的责任，不管除了普遍的人性之外，我们和他们有没有任何共同之处。我们知道杀死、伤害或无理监禁他们是不对的，知道在他们陷于危险或困苦中时应该施以援手。这一共识可以帮助我们弄清全球正义的观念，稍后我要说明这一点。但社会正义对我们提出了更多的要求；特别是它常常要求我们接受平等原则所施加的限制，如果摆脱这些限制的话，本可以对我们自己或我们的亲戚朋友更加有利。如果我们在交税时耍花招，或者破坏规则给侄子一份不该属于他的好工作，这样做并没有人被杀死或伤害。那么，是什么促使我们接受这些要求呢？正如约翰·罗尔斯等政治哲学家强调的，一个非常重要的动机是在能够相互证明行为正当的条件下和他人居住在一起。换言之，如果有人让我解释自己的行为，解释我正在做的事情为什么是可以接受的，我可以诉诸她和我都能接受的原则。

这种动机的强度取决于我们与其他相关人等的联系有多密切——这在面对面的小型群体中最为强大——但民族共同

体认同至少提供了某种粘合剂，使人们关注在正义的条件下和他人共同生活。我并不是说现有民族中人们总是正义地行事——那远非事实——只是说他们有这样做的动机，这使他们更愿意支持前文提到的累进税收或机会平等之类的立法。

不同意这些把民族认同与民主和社会正义联系起来的观点的人，常常用举例的方式指出，诸如比利时、加拿大、瑞士之类的国家是多民族的，即每个国家都有两个或更多清晰可辨的民族共同体；但它们却仍然是支持广泛福利国家政策和其他社会正义制度的稳定的民主政体。作为回应，我想说两件事情。第一，这些国家都形成了联邦体制，将包括经济和社会政策在内的许多重要决定权交给了包含不同民族群体的省或地区。例如在比利时，佛兰芒人和瓦龙人[①]各有其分立的政府，负责就业、住房等许多政策领域，联邦政府则负责处理防卫和外交政策等全国范围的问题。第二，这些社会中的大多数人具有我们也许会称为“鸟巢式的”民族认同：他们把自己**同时**看作佛兰芒人和比利时人、魁北克人和加拿大人，等等。换句话说，他们既有包罗全国的民族认同，也有更加地方化的民族认同，这有助于解释这些社会何以能够如此有效地运转：它们可以唤起共同的忠诚感以支持全国层次的民主政体，并证明将资源从富裕地区向贫穷地区再分配的正当性。

这样，民族国家允许人们在较大的规模下进行政治合作，并通过构建能将人们拴在一起——尽管他们的信仰和利益相互冲突、地理分布也很分散——的共有的政治认同，至少部分成功地实现民主、追寻社会正义。但是现在许多人相信，这种政府形式已经过时了。人们已经为民族国家写出了无数的讣告，

① 比利时的两个主要民族，前者讲佛兰芒语，后者讲法语。

看起来，我们只是在等待它的躯体自然而然地跌入坟墓。

为什么民族国家会被认为已经日薄西山？一些原因是内部的，与在社会中维持共有的民族认同的困难有关；由于移民和其他的原因，这些社会的文化多元特性正在日渐增强。另一些原因与国家运行的外部环境有关：它们控制全球经济力量的能力削弱了，只能通过国家间合作或国际组织来解决的问题，尤其是环境问题的范围在日渐扩大。我不打算在已有的关于这些主题的文献洪流中添加任何东西，只想提一些与可能取代民族国家的那种政治秩序类型有关的问题。

最受青睐的替代品是某种形式的世界主义。世界主义其实是一种非常古老的观念，可以回溯到古罗马的斯多葛学派，他们喜欢把自己看作kosmopolitai，即“世界公民”。但这个词的准确含义是什么呢？对世界主义的一种阐释是和它的字面意义相一致的世界政府，即用一个一元的政治权威取代现存的一百九十一个分立国家。但是尽管世界政府得到了某些人的鼓吹，其不利之处却再明显不过了。

首先，很难想象如此规模的政府怎么可能是民主的。显然，它的运行必须通过经选举产生的代表，他们每个人都要代表数以百万计的人，因此普通公民事实上将没有机会对政府本身施加影响或控制。本章论述的要点是民主在较小的规模下运行得最好：城邦也许是它理想的场所，民族国家的巨大成就在于利用大众媒体模拟了城市的亲密关系，至少给人民一种被卷入和有能力影响政治事务的感觉。但世界政府将呈现为一个遥远而陌生的机构，甚至规模小得多的欧盟，对于今天的许多人来说也是如此。而且前面强调过的信任问题，也将携其全部威力浮现出来：如果决定是由来自那些我感到自己与之没有什么共同之处的社群的多数所作出的，我凭什么认为它们是合法的呢？

其次，确实存在世界政府蜕变为暴政的危险，这种情形一旦发生，将不会有避难所为个人提供庇护。在诸多国家所组成的世界里，坏政府的一个显著标志是政府不得不建造围墙和栅栏束缚自己的人民，而存在替代选择的地方，围墙和栅栏是无法长期维持下去的（为阻止人们从东德逃往西德而建造的柏林墙在存在了二十八年之后，于1989年被逐段拆除）。专制政府至少在某种程度上受到人民逃往其他地方的可能性的制约，在那里，他们可以生活在更大的自由和安全之下。但如果世界政府成为现实，这样的制约将不复存在。

最后，如果说今天不断增长的文化多样性正向许多民族国家提出难题的话，那么这些难题对世界政府来说将要深刻得多，因为它必须容纳现存的各主要文明，其中的每一种都想让自己的价值和信仰在公共政策中得到体现。事实上，只有在两种情境下，这一提议才似乎是完全可行的。一是出现一种共同的全球文化淹没当前的文化差异，它或许会以大众市场的消费主义为基础——所谓的“麦当劳世界”（McWorld）设想，在那里所有地方都转变成一种巨型的美国购物中心。二是文化的大规模私有化，从而尽管不同地方的不同群体仍在追寻他们自己的文化价值，却无法再指望政府对这些价值予以考虑（作为类比，想象一个社会中没有国家教堂，只有各自的宗教群体建造和资助的教堂）。这也许要比第一种方案更可信些（也没有那么让人反感）。然而，当今世界最激烈的分歧之一就存在于这样两群人之间，其中一方愿意看到文化（尤其是宗教）以这样的方式私有化，另一方则坚持政府的政策应该以他们所偏好的文化价值为基础。

图 16 抵制美国风格的全球化：拉脱维亚，1996。

在字面意义上，世界政府必须与一个温和得多的提议区分开来——这一提议受到包括伊曼纽尔·康德在内的哲学家们的青睐——它主张国家应该达成放弃使用武力的永久性协议；应该成立一个联邦以保证康德所说的“永久的和平”。我们可以在当前自由民主政体之间的关系中看到这一预兆，其中就包括一项有时是默许的、有时是明确的协议，即通过谈判或者诉诸欧盟、联合国之类的国际组织来解决他们之间的分歧。有必要强调，这种类型的协议稳定了国家之间的关系，却使国家本身成为了政治权威的主要来源。康德本人也赞成这一点：一个单一的世界政府会成为“侵蚀一切人类活力、以自由的墓地而告终的普遍专制”。

世界主义在最字面性的意义上是难以置信和没有吸引力的。但政治哲学家有时会从不同的角度阐释世界公民权的概念，不把它当作一种政府形式，而是解释为关于个人应该如何思想和行为的提议。他们的建议是，我们应该克服自己狭隘的民族依恋和其他依恋，把自己视为世界的公民，也就是与所有的人类同伴负有平等责任的人。由此视角观之，民族界限只是没有附着任何道德意义的任意的分界线。尤其是，我们不应该再把正义视为主要在城市或国籍范围之内去追寻的某种事物；我们应该平等地重视每个人的主张，无论其种族、信仰或国籍为何。所以，就算政治权威仍然停留在特定的民族国家，我们也应该用它来提升全球正义，不再给我们恰好所属的政治共同体内的那些人以任何优先权。

这种类型的世界主义者通常并不否认上面所说的共有认同与愿意接受正当对待他人之责任之间的关系。他们也许会同意，人们的正义感经常受到自己的归属感和对政治共同体内外人群之区分的有力塑造。但他们把它视为一个有待克服的问题，而不是永久存在的限制。这里涉及一些深层问题，如人类能够遵循纯粹理性原则行事的程度，或在另一方面也涉及理性是否必须与情感、情绪和关于我们是谁的意识相结合，以便激发行动。不过我不打算纠缠于这些问题，而是想提示出至少对一种激烈的伦理世界主义表示怀疑的几个理由，然后提出理解全球正义的一种替代方式。

理由之一假定，我们将继续生活在一个文化分隔的社会当中——换句话说，我在前面提到的“麦当劳世界”方案不会变成现实。文化影响着我们理解正义的方式，或许不是在最基本的层面上，而在一种可以被恰当地视为来自正义的要求方面则确定无疑。宗教提供了一些明显的例子。假设某人声称自己出于宗教信仰而有着特殊的需要，或者他应该遵循的宗教实践使他的机会受到了限制。我们应该怎样对待他的主张呢？如果我们站在他所属的宗教传统之内并且接受他对这种传统的阐释，就应该把他的主张视为有效的正义要求。但是如果从外部来看，我们肯定会有不同的观点。我们也许会对这些主张给予某种重视，但也可能会问能否改变传统，使其对信徒来说不再那么繁难。

类似的视角差异也可能出现在国际层面。假设我属于一个世俗趣味主导的社会，信奉要求我无视民族界限的世界主义的正义原则。另一个社会在物质上比我所在的社会贫穷得多，但这主要是因为它的成员将大部分财富捐献给一个神职机构，认为他们除此之外别无选择——这是上帝的命令。这个社会中的个人对我的财富有多大的索取权呢？我是应该把他的相对贫穷视为他出于宗教原因所作的选择，因而对我没有什么特别的索取权；还是应该把宗教开支视为外在的强制，进而认为他比我自己社会中的人有更紧迫的需要呢？一般的看法是，如果文化差异对我们理解正义的方式产生了影响，那么在**跨越**一个文化多元的世界时正义要求的是什么就变得不确定了。

第二个理由关系到正义与互惠之间的联系。这个基本概念不难说明：我公正地对待他人，因为预料到他人也会公正地对待我作为回报。这并不意味着我所做的和他们所做的完全一样，我们的境况也许是不同的。但是譬如说，如果我帮助了某个目前需要帮助的人——设想我遇到一个错过了回家的末班巴士而在夜间束手无策的人——我这样做是因为我假设要是自己处在那个位置，她或者其他人也会对我做同样的事。在政治共同体内，这种互惠观念经由法律体系和其他政府形式获得了具体的形态。当我服从交通规则或者缴纳税款时，我假设自己的同胞也会服从，无论是出于自愿还是为了免于法律制裁。没有这种设定，公正行事就会把你暴露在被那些少有顾忌的人所利用的境况之下。

如果把这种想法用于世界主义正义，问题是显而易见的。假设我知道正义要求我为属于一个远方社区的人做些什么，有什么理由能让我期待他会有所回报呢？我怎么知道自己公正行事的愿望不会被利用呢？这当然不会**阻止**我按照正义的要求行事，但确实使之成为一个成本更高的选择。这一问题可能的解决之道在于出现一种全球准则，据此世界各地的人们都承认某些特定情形是正义需要实现的场合。这在大规模自然灾难的例子中得到了很有限的预示，在那里组织国际救援措施为受害者提供帮助已成公认准则。所以我们有可能慢慢过渡到这样一个世界，在那里特定形式的正义行为将会得到回报。但在这种情况发生之前，打算按照世界主义正义原则行事的人——在这些原则没有考虑民族界限或其他形式的成员资格的意义上——其行为就是英雄主义的，超出了道德要求的范围。

这并不意味着不存在超越民族国家界限之上的正义。**确有**这样一种叫做全球正义的东西，它是世界政治中越来越重要的一种因素，但我们不应该像世界主义者那样，把它简单地理解为超出那些界限、囊括各地人们的社会正义。我想用对这种非世界主义替代表述的简短概述来结束这一章和这本书。它有三个主要的元素。

首先，有一系列条件界定了民族国家**之间**交往的正当规则。其中有一些已经通过国际法手册而为人熟知。国家必须遵守它们缔结的条约和达成的其他协议；必须相互尊重领土完整；除自卫之外不得对其他国家使用武力；等等。但还有另一些人们不那么熟悉的要求，只是最近才在指导国际关系中扮演了部分角色。这些要求与国际合作的成本和收益的分配方式有关。譬如说，大量环境问题的解决要求民族国家对其公民的行为进行约束。温室气体排放的限额是一例；捕杀濒危鱼类的限额又是一例。问题在于决定这些成本应该如何分摊，而正义的原则有助于解决这个问题（不幸的是答案常常是不太明确的——不同的原则可以被合情合理地召来使用——这就难免为权力政治的侵入留下空间）。

还有一些与国际贸易规则有关的重要问题。现在富裕、强大的国家能够以这样的方式来设立这些规则，即让自己的产品可以自由出口到欠发达国家，同时为保护本国的农民而设置障碍，使那些国家的生产者难以出口粮食。支持与反对国际市场完全自由的主张同时存在，但正义所要求的是，无论对贸易施加什么样的限制，都应该让贫穷国家的人们得到与富裕国家同样的经济机会。

其次，全球正义要求尊重和保护各国民众的人权，如果必要的话，包括对侵犯这些权利的国家的当权者发起挑战。我在第四章较详细地探讨了人权的概念，认为我们需要在基本人权与出现在许多人权文献中的较长的权利清单之间划清界限，前者是获得所有人过上最低限度的体面生活所需要的那些条件的权利，后者则最好理解为特定的政治共同体应该保证其公民享有的权利。这种区分在这里颇为重要，因为从全球正义的视角来看，只有对基本权利的保护才是重要的。我们不能仅仅因为其他国家不承认**我们**认为重要的权利，比如普选权或不受限制的宗教自由，就对它们进行干涉（我们可以向这样的国家提供各种类型的诱导——例如欧盟等国家组织的成员资格——以**鼓励**它们实现较长清单上的权利，却不应该试图强制它们）。

为什么人权能把正义的责任强加于我们，不管什么民族界限或其他文化界限呢？一方面，它们标识出了人类存在的真正普遍的特性，这些特性超越了文化的差异性。你和我可以在宗教信仰和实践是否重要的问题上合情合理地不一致，却不能在一个遭受折磨或任其饿死的人是否受到了伤害的问题上合情合理地不一致。因此，我在前面提出的社会正义观念为何不具有文化普适性的主张，在这里是不适用的。另一方面，人权具有很高的道德价值。它们对应于能够加诸一个人的最严重的伤害。所以它们优先于我们对公平和互惠的关注。这种区别是我们本能所认可的。如果一个需要并不迫切的人请求我的帮助，比如说让我把他带到车站，这时我可能会考虑他是否在利用我的善良，或者他是否愿意在其他场合同样对待我。但如果他在一场事故中严重受伤，唯一重要的就是我能够伸出援手了。保护人权与后一种情形相吻合。如果它们得不到保护，人们就会受苦或者死亡。所以任何能够提供帮助的人都必须这么做，这是正义之举。

全球正义的第三个要求是任何地方的人们都应该有政治自治的机会；一切政治共同体都应该享有自决的权利。这不是说每个民族都得成立自己独立的国家。某些情形下，人们的聚居地在地理上如此混杂，因而无法运用这种简单的自决法则。尽管如此，仍有某些形式的自决可以适用于这样的情形，譬如北爱尔兰新教徒与天主教徒分享权力的协议，在本书撰写过程中正断断续续地推进着。有什么可以阻挠对自治的追求呢？要么是相邻国家的政治野心，试图将一种帝国统治的形式强加于相关共同体；要么是一种极不稳定的经济地位，使该共同体没有真正的选择可作。在以上任一种情形下，其他的民族都有责任联合行动，创造出使其自治成为可能的条件。

这为什么是一个关乎正义的问题呢？我在反驳政治世界主义时强调，对许多群体来说允许他们在政治上表达自己的文化传统有多么重要，而这只有在其享有政治自决的条件下才能实现。甚至自由主义社会也赋予民族自决以很高的价值，只能极不情愿地放弃自己的统治权。这表明了人们存在着掌控自身命运的强烈需要，即使他们并不是民主政府中的积极参与者。如果这些观察是正确的，那么放弃自决机会就是一个严重的损失，这会把正义的责任强加给他人。

如果全球正义沿这些方向得以实现，世界看起来将会是这样：政治权威将主要取决于民族国家，但它们会相互合作以确保国际协作的成本和收益得到公平分配。每个政治共同体都根

图 17 普遍人权：演员朱莉·克里斯蒂和赛·格兰特在纪念联合国人权日。

据自己的政治传统进行自我管理，社会正义的方案同样在各处稍有区别。但任何地方的人权都会得到尊重，在人权受到威胁时，无论是来自干旱之类的自然灾害还是压迫性的政权，其他国家都会联合行动击退威胁。某些国家会比另一些国家更富裕：这并不是不公正，只要它来自于政治选择和文化选择而不是经济剥削。某些国家也会比另一些国家更民主，但即便那些未对其统治者实施直接控制的民族也会认同自己的政府，并感到它代表了自己的利益和价值。

这样一个世界与我们自己的世界大不相同。它就是约翰·罗尔斯在其著作《万民法》中所称的“现实主义乌托邦”——一种政治可能性的界限尽可能延伸的道德图景，同时又不至于变成纯粹的空中楼阁。我们有可能到达那里吗？当前许多国际前景的观察家预见了一种市场必胜的信念，这种信念认为全球化经济力量阻止了任何民族国家作出真正的政治选择。如果唯一的选择就是采纳能确保最大限度的经济竞争的政策，那么自决就变得没有意义了。但是，如我在第一章所说，这种形式的宿命论看起来并不比我们认为已经过时了的早期形式更站得住脚。无论如何，如果我们真的没有政治选择可作，那么政治哲学，无论聚焦于国家的还是国际的，就变得毫无价值了，它们不过是大难临头时的胡言乱语。我在本书中所说的一切都假定，好政府与坏政府之间的选择总是我们不得不作的一种选择，即使好政府的形式随着技术进步和社会变得更大、更复杂而发生了变化。

从一个十万人城邦中那幅关于好政府的壁画算起，我们已经走了很长的路程。对我们来说，描述使人们得以在相对的和平与安全之下耕作、从商、狩猎、训练、跳舞的那些条件，或者另一方面描述暴政和压迫如何带来毁坏和屠杀，要比洛伦泽蒂更加困难。我们的政治是以更大的规模并在许多不同的层次上运行的。在原因与结果之间建立联系从而确定政治成功或失败的责任，则更加困难。然而，正如与14世纪锡耶纳的关联一样，洛伦泽蒂的画中仍有一些要素与我们今天也是有关的：合法政治权威与暴政之间的差别；政府与公民之间的关系；正义的性质。这些问题仍然居于政治哲学的核心。恰恰是在我们感到人类的未来正在滑出我们控制之外的那些时刻，才需要持续而努力地思考这些问题，然后共同决定应该做些什么。

索引

（条目后的数字为英文页码）

A

B

C

D

E

F

G

H

I

N

O

P

R

S

T

U

V

W

David Miller

POLITICAL PHILOSOPHY

A Very Short Introduction

Contents

Preface

I wanted this book to make political philosophy engaging and accessible to people who had never encountered it before, and so I have tried hard to write as simply as possible without sacrificing accuracy. Explaining some fairly abstract ideas without lapsing into the technical jargon that deadens so much academic writing today proved to be an interesting challenge. I am extremely grateful to friends from different walks of life who agreed to read the first draft of the manuscript, and along with general encouragement made many helpful suggestions: Graham Anderson, George Brown, Sue Miller, Elaine Poole, and Adam Swift, as well as two readers from Oxford University Press. I should also like to thank Zofia Stemplowska for invaluable help in preparing the final manuscript.

Chapter 1
Why do we need political philosophy?

This is a small book about a big subject, and since a picture is proverbially worth a thousand words I want to begin it by talking about a very large picture that can help us to see what political philosophy is all about. The picture in question was painted between 1337 and 1339 by Ambrogio Lorenzetti, and it covers three walls of the Sala dei Nove in the Palazzo Pubblico of Siena. It is usually called the *Allegory of Good and Bad Government*, and what Lorenzetti's frescos do is first of all to depict the nature of good and bad government respectively by means of figures who represent the qualities that rulers ought and ought not to have, and then to show the effects of the two kinds of government on the lives of ordinary people. So in the case of good government we see the dignified ruler dressed in rich robes and sitting on his throne, surrounded by figures representing the virtues of Courage, Justice, Magnanimity, Peace, Prudence, and Temperance. Beneath him stand a line of citizens encircled by a long rope the ends of which are tied to the ruler's wrist, symbolizing the harmonious binding together of ruler and people. As we turn to the right we see Lorenzetti's portrayal of the effects of good government first in the city and then in the countryside. The city is ordered and wealthy: we see artisans plying their trades, merchants buying and selling goods, nobles riding gaily decorated horses; in one place a group of dancers join hands in a circle. Beyond the city gate a well-dressed lady rides out to hunt, passing on the way a plump saddleback pig being driven in to market; in the countryside itself peasants till the earth and gather in the harvest. In case any careless viewer should fail to grasp the fresco's message, it is spelt out in a banner held aloft by a winged figure representing Security:

> Without fear every man may travel freely and each may till and sow, so long as this commune still maintains this lady sovereign, for she has stripped the wicked of all power.

The fresco on the other side, representing evil government, is less well preserved, but its message is equally plain: a demonic ruler surrounded by vices like Avarice, Cruelty, and Pride, a city under military occupation, and a barren countryside devastated by ghostly armies. Here the inscription held by the figure of Fear reads:

> Because each seeks only his own good, in this city Justice is subjected to tyranny; wherefore along this road nobody passes without fearing for his life, since there are robberies outside and inside the city gates.

There is no better way to understand what political philosophy is and why we need it than by looking at Lorenzetti's magnificent mural. We can define political philosophy as an investigation into the nature, causes, and effects of good and bad government, and our picture not only encapsulates this quest, but expresses in striking visual form three ideas that stand at the very heart of the subject. The first is that good and bad government profoundly affect the quality of human lives. Lorenzetti shows us how the rule of justice and the other virtues allows ordinary people to work, trade, hunt, dance, and generally do all those things that enrich human existence, while on the other side of the picture, tyranny breeds poverty and death. So that is the first idea: it really makes a difference to our lives whether we are governed well or badly. We cannot turn our back on politics, retreat into private life, and imagine that the way we are governed will not have profound effects on our personal happiness.

The second idea is that the form our government takes is not predetermined: we have a choice to make. Why, after all, was the mural painted in the first place? It was painted in the Sala dei Nove – the Room of the Nine – and these Nine were the rotating council of nine wealthy merchants who ruled the city in the first half of the 14th century. So it served not only to remind these men of their responsibilities to the people of Siena, but also as a celebration of the republican form of government that had been established there, at a time of considerable political turmoil in many of the Italian cities. The portrayal of evil government was not just an academic exercise: it was a reminder of what might happen if the rulers of the city failed in their duty to the people, or if the people failed in *their* duty to keep a watchful eye on their representatives.

The third idea is that we can know what distinguishes good government from bad: we can trace the effects of different forms of government, and we can learn what qualities go to make up the best form of government. In other words, there is such a thing as political knowledge. Lorenzetti's frescos bear all the marks of this idea. As we have seen, the virtuous ruler is shown surrounded by figures representing the qualities that, according to the political philosophy of the age, characterized good government. The frescos are meant to be instructive: they are meant to teach both rulers and citizens how to achieve the kind of life that they wanted. And this presupposes, as Lorenzetti surely believed, that we can know how this is to be done.

Should we believe the message of the frescos, however? Are the claims they implicitly make actually *true*? Does it really make a difference to our lives what kind of government we have? Do we have any choice in the matter, or is the form of our government something over which we have no control? And can we know what

1. The virtuous ruler from *The Allegory of Good and Bad Government* by Ambrogio Lorenzetti.

makes one form of government better than another? These are some of the big questions that political philosophers ask, as well as many smaller ones. But before trying to answer them, I need to add a few more words of explanation.

When talking about government here, I mean something much broader than 'the government of the day' – the group of people in authority in any society at a particular moment. Indeed I mean something broader than the state – the political institutions through which authority is exercised, such as the cabinet of ministers, parliament, courts of law, police, armed forces, and so forth. I mean the whole body of rules, practices and institutions under whose guidance we live together in societies. That human beings need to cooperate with one another, to know who can do what with whom, who owns which parts of the material world, what happens if somebody breaks the rules, and so forth, we can perhaps take for granted here. But we cannot yet take it for granted that they must have a state to solve these problems. As we shall see in the next chapter, one central issue in political philosophy is why we need states, or more generally political authority, in the first place, and we need to engage with the anarchist argument that societies can perfectly well govern themselves without it. So for the time being, I want to leave it an open question whether 'good government' requires having a state, or a government in the conventional sense, at all. Another question that will remain open until the last chapter of the book is whether there should be just one government or many governments – a single system for the whole of humanity, or different systems for different peoples.

When Lorenzetti painted his murals, he presented good and bad government primarily in terms of the human qualities of the two kinds of rulers, and the effects those qualities had on the lives of their subjects. Given the medium in which the message was conveyed, this was perhaps unavoidable, but in any case it was very much in line with the thinking of his age. Good government was as much about the character of those who governed – their prudence, courage, generosity, and so on – as about the system of government itself. Of course there were also debates about the system: about whether monarchy was preferable to republican government or vice versa, for instance. Today the emphasis has changed: we think much more about the institutions of good government, and less about the personal qualities of the people who make them work. Arguably we have gone too far in this direction, but I will follow modern fashion and talk in later chapters primarily about good government as a system, not about how to make our rulers virtuous.

Back now to the ideas behind the big picture. The easiest of the three to defend is the idea that government profoundly affects the quality of our lives. If any reader fails to recognize this straight away, it is perhaps because he or she is living under a relatively stable form of government where not much changes from year to year. One party replaces another at election time, but the switch only makes a marginal impact on most people's lives (though politicians like to pretend otherwise). But think instead about some of the regimes that rose and fell in the last century: think about the Nazi regime in Germany and the 6 million Jews who were killed by it. Meanwhile in other countries whole populations saw their living standards rise at an unprecedented rate. Twentieth-century history seems to have reproduced the stark contrast of Lorenzetti's mural almost exactly.

But at this point we have to consider the second of our three ideas. Even if different forms of government were, and still are, direct causes of prosperity and poverty, life and death, how far are we able to influence the regimes that govern us? Or are they just links in a chain, themselves governed by deeper causes over which we have no control? And if so, what is the point of political philosophy, whose avowed purpose is to help us choose the best form of government?

The fatalistic view that we have no real political choices to make has appeared in different forms at different times in history. In the period when Lorenzetti was painting his frescos, many believed that history moved in cycles: good government could not endure, but would inevitably become corrupted with the passage of time, collapse into tyranny, and only through slow stages be brought back to its best form. In other periods – most notably the 19th century – the prevailing belief was in the idea of historical progress: history moved in a straight line from primitive barbarism to the higher stages of civilization. But once again this implied that the way societies were governed depended on social causes that were not amenable to human control. The most influential version of this was Marxism, which held that the development of society depended ultimately on the way in which people produced material goods –

the technology they used, and the economic system they adopted. Politics became part of the 'superstructure'; it was geared to the needs of the prevailing form of production. So, according to Marx, in capitalist societies the state had to serve the interests of the capitalist class, in socialist societies it would serve the interests of the workers, and eventually, under communism, it would disappear completely. In this light, speculation about the best form of government becomes pointless: history will solve the problem for us.

Interestingly enough, the career of Marxism itself shows us what is wrong with this kind of determinism. Under the influence of Marxist ideas, socialist revolutions broke out in places where, according to Marx, they should not have occurred – in societies such as Russia and China which were relatively undeveloped economically, and therefore not ready to adopt a socialist form of production. In the more advanced capitalist societies, meanwhile, fairly stable democratic governments were established in some places – something Marx had thought impossible given the class-divided nature of these societies – while other countries fell prey to fascist regimes. Politics, it turned out, was to a considerable extent independent of economics, or of social development more generally. And this meant that once again people had big choices to make, not only about their form of government in the narrow sense, but about the broader way their society was constituted. Should they have a one-party state or a liberal democracy with free elections? Should the economy be centrally planned or based on the free market? These are questions of the sort that political philosophers try to answer, and they were once more back on the agenda.

But if 20th-century experience put paid to the kind of historical determinism that was so prevalent in the 19th, by the beginning of the 21st a new form of fatalism had appeared. This was inspired by the growth of a new global economy, and the belief that states had increasingly little room for manœuvre if they wanted their people to benefit from it. Any state that tried to buck the market would find that its economy slumped. And the only states that were likely to succeed in the new global competition were the liberal democracies, so although it was possible for a society to be governed differently – to have an Islamic regime, for example – the price for this would be relative economic decline: a price, it was assumed, no society would wish to pay. This was the so-called 'end of history' thesis, essentially a claim that all societies would be propelled by economic forces into governing themselves in roughly the same way.

There is little doubt that this form of fatalism will be undermined by events just as earlier forms were. Already we can see a backlash against globalization in the form of political movements concerned about the environment, or the impact of global markets on developing nations, or the levelling-down quality of global culture. These movements challenge the idea that economic growth is the supreme goal, and in the course of doing so raise questions about what we ultimately value in our lives, and how we can achieve these aims, that are central questions of political philosophy. And even if we confine ourselves to political debate that lies closer to the conventional centre ground, there is still plenty of scope to argue about how much economic freedom we should sacrifice in the name of greater equality, or how far personal liberty should be restricted in order to strengthen the communities in which we live. As I write, there is a fierce argument going on about terrorism, the rights of individuals, and the principle that we cannot interfere in the internal affairs of other states, no matter how they are governed. Once again these are issues over which collective choices have to be made, and they are quintessentially issues of political philosophy.

So far I have argued that political philosophy deals with issues that are of vital importance to all of us, and furthermore issues over which we have real political choices to make. Now I want to confront another reason for dismissing the whole subject, namely that politics is about the use of power, and powerful people – politicians especially – do not pay any attention to works of political philosophy. If you want to change things, according to this line of thought, you should go out on the streets, demonstrate, and cause some chaos, or alternatively perhaps see if you can find a politician to bribe or blackmail, but you shouldn't bother with learned treatises on the good society that nobody reads.

It is true that when political philosophers have tried to intervene directly in political life, they have usually come unstuck. They have advised powerful rulers – Aristotle acted as tutor to Alexander the Great, Machiavelli attempted to counsel the Medicis in Florence, and Diderot was invited to St Petersburg by Catherine the Great to discuss how to modernize Russia – but whether these interventions did any good is another question. Treatises written during times of intense political conflict have often succeeded merely in alienating both sides to the conflict. A famous example is Thomas Hobbes's *Leviathan*, a masterpiece of political philosophy written while the English Civil War was still raging. Hobbes's arguments in favour of absolute government, which I shall discuss more fully in the following chapter, were welcomed neither by the Royalists nor by the Parliamentarians. The former believed that kings had been divinely ordained to rule, the latter that legitimate government required the consent of its subjects. The bleak picture of the human condition painted by Hobbes led him to the conclusion that we must submit to any established and effective government, no matter what its credentials were. By implication Charles I had a right to rule when he was in power, but so did Cromwell when he had succeeded in deposing Charles. This was not what either side wanted to hear.

The example of Hobbes can help to explain why political philosophers have so rarely made a *direct* impact on political events. Because they look at politics from a philosophical perspective, they are bound to challenge many of the conventional beliefs held both by politicians and by the public at large. They put these beliefs under the microscope, asking exactly what people mean when they say such and such, what evidence they have for their convictions, how they would justify their beliefs if challenged to do so. One result of this forensic examination is that when political philosophers put forward their own ideas and proposals, these nearly always look strange and disturbing to those who are used to the conventional debate, as Hobbes's ideas did to those fighting on both sides in the Civil War.

But this does not stop political philosophy from having an influence, sometimes a considerable influence, with the passage of time. When we think about politics, we make assumptions that we are often barely aware of – underlying assumptions that nevertheless do change quite radically over the course of history. At the time Hobbes wrote, for instance, it was commonplace to argue politically by appeal to religious principles, and especially to the authority of the Bible. One of his lasting legacies was to make it possible to think about politics in a purely secular way. Although Hobbes himself was deeply preoccupied with religious questions, his radically new approach to political authority allowed politics and religion to be separated and discussed in different terms. Or consider that in Hobbes's time, only a few extreme radicals believed in democracy as a form of government (typically, Hobbes himself did not rule it out altogether, but he thought it was generally inferior to monarchy). Nowadays, of course, we take democracy for granted to the extent that we can barely imagine how any other form of government could be seen as legitimate. How has this change come about? The story is a complex one, but an indispensable part in it has been played by political philosophers arguing in favour of democracy, philosophers whose ideas were taken up, popularized, and cast into the mainstream of politics. The best known of these is probably Jean-Jacques Rousseau, whose impact on the French Revolution through his book *The Social Contract* is hard to dispute. (Thomas Carlyle, at least, had no doubts. Challenged to show the practical importance of abstract ideas, he is said to have replied, 'There was once a man called Rousseau who wrote a book containing nothing but ideas. The second edition was bound in the skins of those who had laughed at the first.')

Nobody can tell in advance whether any given work of political thought will have the effect of Hobbes's *Leviathan* or Rousseau's *Social Contract*, or to take a later example, Marx and Engels's *The Communist Manifesto*. It depends entirely on whether the underlying shift in thinking that the philosopher proposes corresponds to political and social change in such a way that the new ideas can become the commonplaces of the following generations. Other works of political philosophy have enjoyed a limited success and then disappeared virtually without trace. But the need for political philosophy is always there, especially perhaps at moments when we face new political challenges that we cannot deal with using the conventional wisdom of the day. At these moments we need to dig deeper, to probe the basis of our political beliefs, and it is here that we may turn to political philosophy, not perhaps at source, but as filtered through pamphlets, magazines, newspapers and the like – every successful political philosopher has relied on media-friendly disciples to put his or her ideas into circulation.

But even if political philosophy answers to a genuine need, are its own credentials genuine? (Horoscopes answer to a strongly felt need – people want to know what the future holds in store for them – but most of us think that horoscopes themselves are completely bogus.) For political philosophy claims that it can bring to us a kind of *truth* about politics, something different from the *opinions* that guide us from day to day. This claim was presented most dramatically by Plato, often regarded as the father of the subject, through the allegory of the cave in the *Republic*. Plato likens ordinary people to prisoners who have been chained in a cave in such a way that they can only see the shadows of things on a screen in front of them; they would

2. Plato and Socrates, frontispiece by Matthew Paris (*d.* 1259) for *The Prognostics of Socrates the King.*

assume, Plato says, that these shadows were the only real things. Now suppose that one of the prisoners was to be freed and emerged blinking into the light. In time he would come to see real objects in the world, and understand that what he had seen before *were* no more than shadows. But if he were then to return to the cave to try to persuade his fellows of their mistake, they would be unlikely to believe him. This, Plato thinks, is the position of the philosopher: he has genuine knowledge while those around him have only distorted opinions, but because the path to philosophical knowledge is long and hard, very few are willing to take it.

But was Plato justified in drawing such a sharp contrast between philosophical knowledge and common opinion? This is not the place to discuss the metaphysical underpinning of his distinction, so let me say simply that my conception of political philosophy does not involve endowing philosophers with a special kind of knowledge not available to other human beings. Instead they think and reason in much the same way as everyone else, but they do so more critically and more systematically. They take less for granted: they ask whether our beliefs are consistent with one another, whether they are supported by evidence, and how, if at all, they can be fitted into one big picture. It is easiest to explain this by taking some examples.

Suppose we were to ask a politician what his goals were; what aims or values the political community he belongs to should be trying to achieve. If he belonged to a contemporary Western society, he would probably come up with a fairly predictable list: law and order, individual liberty, economic growth, full employment, and one or two others. How might a political philosopher respond to this? Well, first of all she would turn the spotlight on the goals themselves and ask which of them were really *ultimate* goals. Take economic growth, for instance. Is this a good thing in itself, or is it only good in so far as it gives people more opportunities to choose from, or makes their lives healthier and happier? Can we assume that further growth is always good, or does there come a point where it no longer contributes to the things that really matter? A similar question might be asked about full employment. Do we value full employment because we believe it is intrinsically valuable for people to engage in paid work, or is it rather that people cannot have a decent standard of living unless they do work? But if the second is true, why not give everyone an income whether they work or not, and make work into a voluntary activity for those who enjoy it?

Our political philosopher will also ask about how the different goals on the politicians' list are related to one another. Politicians very rarely concede that they might have to sacrifice one aim in order to achieve another, but perhaps in reality they do. Take law and order versus individual liberty, for instance. Could our streets not be made safer by limiting individual liberty – for instance by giving the police greater powers to arrest people they suspected were about to engage in criminal acts? If so, which value should have the higher priority? Of course in order to decide that, she would need to say a bit more precisely what individual liberty *means*. Is it simply being able to do whatever you like, or is it doing what you like *so long as you don't harm anyone else*? This makes a big difference to the question being asked.

In raising these questions, and suggesting some answers, political philosophers are not (or needn't be) appealing to any esoteric form of knowledge. They are inviting their readers to reflect on their own political values, and to see which ones they care about most in the final analysis. Along the way they may add in some new pieces of information. For instance, when contemplating the value of economic growth, it is relevant to see how people whose material living standards are very different score in terms of physical indicators such as health and mortality, and psychological indicators such as how satisfied they feel with their lives. Political philosophers therefore need to have a good grasp of social and political science. In earlier periods, they attempted to obtain this primarily by collating such evidence as was available from the historical record about a wide range of human societies, and their various political systems. This evidence was somewhat impressionistic and often unreliable. In this respect political philosophers today can build on more solid empirical foundations by virtue of the huge expansion of the social sciences in the 20th century. But the essential nature of their task remains the same. They take what we know about human societies, and the ways in which they are governed, and then they ask what the best form of government would be, in the light of aims and values that they believe their audience will share. Sometimes this best form of government turns out to be quite close to the form that already exists; sometimes it is radically different.

What I have tried to do in the last few paragraphs is to show how political philosophy can illuminate the way we think about politics without making claims to a special kind of truth that is inaccessible to the ordinary person. There is a related issue here, which is how far the kind of truth political philosophy gives us is universal truth – truth that applies to all societies and in all periods of history. Or is the best we can hope for local knowledge, knowledge that is relevant only to the particular kind of society we live in today?

The answer I want to give is that the agenda of political philosophy changes as society and government change, although some items have stayed on it as far back as our records go. Among these perennial questions are basic questions about politics and political authority that I shall be addressing in the next chapter. Why do we need politics in the first place? What right has anybody to force another person to do something against their will? Why should I obey the law when it does not suit me to? But in other cases, either the questions, or the answers, or both, have changed over time, and we need to see why this is so.

One reason is that changes in society open up possibilities that did not exist before, or alternatively close them off. As an example, think of democracy as a form of government. Almost every political philosopher today – in Western societies at least – takes it for granted that good government must mean some kind of democracy; in one way or another the people must rule (as we shall see in Chapter 3, this leaves plenty of room for argument about what democracy really means in practice). For many centuries beforehand, the opposite view prevailed: good government meant government by a wise monarch, or an enlightened aristocracy, or men of property, or perhaps some combination of these. So are we right and our predecessors simply wrong? No, because democracy seems to need certain preconditions to function successfully: it needs a wealthy and literate population, media of mass communication so that ideas and opinions can circulate freely, a well-functioning legal system that commands people's respect, and so forth. And these conditions did not obtain anywhere until the fairly recent past, nor could they be created overnight (classical Athens is often held up as an exception, but it is important to remember that Athenian 'democracy' encompassed only a minority of the city's population, and rested, as the Greeks themselves recognized, on the work of women, slaves, and resident aliens). So the older philosophers were not wrong to dismiss democracy as a form of government. Even Rousseau, who as we saw earlier was an influential source of democratic ideas, said that it was suitable only for gods and not for men. Given the prevailing conditions, democracy as we understand it today was not a viable form of government.

For another example of the shifting agenda of political philosophy, consider the value we attach today to personal choice. We think people should be free to choose their jobs, their partners, their religious beliefs, the clothes they wear, the music they listen to, and so on and so forth. It is important, we think, that each person should discover or invent the style of life that suits them best. But how much sense would this make in a society where most people, in order to stay alive, are bound to follow in their parents' footsteps, with little choice of occupation, few entertainments, a common religion, and so on? Here other values become much more important. And this is how societies have been for most of human history, so it is hardly surprising that only in the last couple of centuries do we find political philosophies built around the supreme value of personal choice, such as John Stuart Mill's *On Liberty*, which I shall discuss in Chapter 4.

In this book I have tried to strike a balance between the perennial questions of political philosophy and those that have appeared on its agenda only in the fairly recent past, such as the claims of women and cultural minorities discussed in Chapter 6. Striking this balance can be difficult: it is easy to get swept away by the political topics of the moment and lose sight of basic issues that underlie politics everywhere. One remedy is to travel back to Siena and Lorenzetti's frescos and be reminded again that how political authority is constituted can make the difference between plenty and poverty, life and death. This is the starting point of the chapter that follows.

I have also tried to strike a balance between laying out the contrasting positions that have been taken up on these issues, and presenting arguments of my own. My aim is to explain what is at issue when anarchists argue with statists, democrats argue with elitists, liberals argue with authoritarians, nationalists argue with cosmopolitans, and so on, but it would be disingenuous to claim that I am surveying these debates from some entirely neutral, Olympian perspective. One cannot write about political philosophy without doing it as well. So although I have tried not to browbeat the reader into thinking that there is only one plausible answer to some of the most fiercely contested questions of our time, I have not attempted to disguise my sympathies either. Where you disagree with me, I hope you will find the reasons on your side of the argument fairly presented. Of course, I hope even more that you will be convinced by the reasons on *my* side.

Chapter 2
Political authority

If someone were to ask how we govern ourselves today – under what arrangements do we live together in society – the answer must be that we are governed by states that wield unprecedented power to influence our lives. They not only provide us with basic protection against attack on our persons and our possessions, they also regiment us in countless ways, laying down the terms on which we may make our living, communicate with one another, travel to and fro, raise our children, and so on. At the same time they supply us with a huge range of benefits, from health care and education through to roads, houses, parks, museums, sports grounds, and the like. It would not be going too far to say that today we are creatures of the state. Not all states are equally successful in performing these functions, of course, but no one benefits from belonging to a failing state.

Looked at from the perspective of human history, this is a very recent phenomenon. Human societies have usually governed themselves on a much smaller scale. In tribal societies authority might rest in the hands of the village elders, who would meet to settle any disputes that arose among the members of the tribe, or interpret tribal law. When societies emerged on a larger scale, as in China under the Han dynasty or medieval Europe, they still lacked anything that deserved to be called a state. Although supreme authority rested in the hands of the king or the emperor, day-to-day governance was carried out by local lords and their officers. Their impact on people's lives was also much more limited, since they neither attempted to regulate them so closely (except perhaps in matters of religion), nor of course did they attempt to provide most of the goods and services that modern states provide. Political authority was woven into the social fabric in such a way that its existence seemed relatively uncontroversial. The arguments that took place were about who in particular should wield it (by what right did kings rule?), and whether it should be divided between different bodies, for instance between kings and priests.

The emergence of the modern state, however, first in Western Europe, and then almost everywhere else, has meant that the problem of political authority has preoccupied political philosophers for the last 500 years. Here is an institution that claims the right to govern our lives in countless ways. What can justify that claim? Under what circumstances, if any, do states wield legitimate political authority? How far are we as ordinary citizens obliged to obey the laws they make and follow their other dictates? These very basic questions need to be resolved before we can move on in the following chapters to ask how best to constitute the state – what the form of government should be – and what limits should be set to its authority.

When we say that the state exercises political authority, what do we mean? Political authority has two sides to it. On the one side, people generally recognize it *as* authority, in other words as having the right to command them to behave in certain ways. When people obey the law, for instance, they usually do so because they think that the body that made the law has a right to do so, and they have a corresponding duty to comply. On the other side, people who refuse to obey are compelled to do so by the threat of sanctions – law-breakers are liable to be caught and punished. And these two aspects are complementary. Unless most people obeyed the law most of the time because they believed in its legitimacy, the system could not work: to begin with, there would need to be huge numbers of law-enforcement officers, and then the question would arise who should enforce the law on *them*. Equally, those who do keep the law out of a sense of obligation are encouraged to do so by knowing that people who break it are likely to be punished. I do not steal from my neighbour because I respect his right of property. I hope that he respects mine too, but I know that if he doesn't I can call the police to get my property back. So people who comply with authority voluntarily know that they are protected from being taken advantage of by less scrupulous persons.

Political authority, then, combines authority proper with forced compliance. It is neither pure authority, like the authority of the wise man whose disciples follow his instructions without any compulsion, nor pure force, like the force exercised by the gunman who relieves you of your wallet, but a blend of the two. But the question remains, why do we need it? After all political authority, particularly when exercised by a body as powerful as the modern state, imposes a great many unwelcome requirements on us, some of which (like paying taxes) make us materially worse off, but others of which make us do things that we object to morally (like fighting in wars that we oppose). What reply can we give to the anarchist who says that societies can govern themselves perfectly well without political authority, and that the state is essentially a racket run for the benefit of those who hold positions of power?

I shall come back to anarchist alternatives to the state later in the chapter, but first I am going to defend political authority, as others have before me, by asking the reader to imagine life in society without it – with the police, the army, the legal system, the civil service, and the other branches of the state all taken away. What would happen then?

Perhaps the most famous thought-experiment along these lines can be found in Thomas Hobbes's *Leviathan*, published in 1651. Hobbes, as I mentioned in Chapter 1, had experienced the partial breakdown of political authority brought about by the English Civil

War, and the picture he painted of life in its absence was unremittingly bleak. He described the 'natural condition of mankind' without political rule as one of ferocious competition for the necessities of life, leaving people in constant fear in case they should be robbed or attacked, and constantly inclined, therefore, to strike at others first. The result was summed up in a much-quoted passage:

> In such condition, there is no place for Industry; because the fruit thereof is uncertain: and consequently no Culture of the Earth; no Navigation, nor use of the commodities that may be imported by Sea; no commodious Building; no Instruments of moving, and removing such things as require much force; no Knowledge of the face of the Earth; no account of Time; no Arts; no Letters; no Society; and which is worst of all, continuall feare, and danger of violent death; And the life of man, solitary, poor, nasty, brutish, and short.

It is sometimes said that Hobbes reaches this pessimistic conclusion because of a belief that people are naturally selfish or greedy, and will therefore try to grab as much for themselves as they can when unrestrained by political authority. But this misses Hobbes's real point, which is that cooperation between people is impossible in the absence of trust, and that trust will be lacking where there is no superior power to enforce the law. Those things that Hobbes describes as missing in the 'natural condition' are above all things that require numbers of people to work together in the expectation that others will do their part, and in the absence of political authority it is not safe to have any such expectation. If I make an agreement with someone, why should I expect him to keep it, if there is no law to enforce the agreement? And even if he is inclined to keep the agreement, he may wonder the same about me, and decide that it is too risky to do so. In this situation, Hobbes argues, it is only prudent to assume the worst, and take every step you can to secure yourself against the threat of death; and the way to do that, in turn, is to amass as much power relative to other people as you can. At base it is fear of others, born of mistrust, that turns life without political authority into 'a perpetuall warre of every man against his neighbour'.

Was Hobbes's pessimism justified? His critics point out that if we look around us we can find ample evidence of people trusting one another, cooperating with one another, even helping each other with nothing expected in return, without any involvement by the state or any of its branches. A group of neighbours, for instance, may decide together to repair a derelict children's playground, form a team, and divide up the work, each relying on the others to do their bit, without any legal agreement or other means of enforcement. Human nature is not as Hobbes portrayed it. But in a way this misses the point. Although Hobbes probably did have a rather low opinion of human nature (he was once caught out giving money to a beggar, and had to explain that he only did it to relieve his own discomfort at the sight of the beggar), his real point is that in the climate of fear that would follow the breakdown of authority, the kinder, more trusting, side of human nature would be obliterated. And from what we know of human behaviour when people are caught up in civil war and other situations in which their very survival is at stake, he seems to have been right.

We need political authority, then, because it gives us the security that allows us to trust other people, and in a climate of trust people are able to cooperate to produce all those benefits that Hobbes listed as signally lacking in the 'natural condition'. But how can we create authority where it does not exist? Hobbes envisaged everyone gathering together and covenanting with one another to establish a sovereign who would rule them from that day forward; alternatively, they might submit themselves individually to a powerful man, a conquering general for instance. He thought it mattered little who had authority, so long as the authority was unrestricted and undivided. Here we may part company with him. But before looking more closely at how authority should be constituted, we should pause to see whether there is any other way

3. Thomas Hobbes, defender of political authority.

to escape the 'natural condition'. Despite all that Hobbes says, might social cooperation be possible in the absence of political authority?

Anarchists believe that it is indeed possible, and although anarchist voices have always been in a small minority, we should listen to them: as political philosophers we are duty bound to put conventional wisdom to the test, and so we cannot take political authority for granted without exploring the alternatives to it. There are two different directions we might take here: anarchists themselves fall broadly into two camps. One points towards *community*, the other towards the *market*.

The communitarian alternative to political authority takes face-to-face communities as the building blocks that make trust and cooperation between people possible. In a small community where people interact with one another on a daily basis and everyone knows who is a member and who isn't, it is comparatively easy to maintain social order. Anybody who attacks another person, takes their possessions, or refuses to perform his fair share of the community's work, faces some obvious penalties. As news of his behaviour spreads, other people will reprimand him and may refuse to work with him in future. At community meetings he will be denounced and he may even be asked to leave altogether. All this can happen without the malefactor being forced to do anything or being formally punished – that is why we can describe this as an alternative to political authority rather than a form of it. One of the most important human motives is a desire to be accepted and respected by those around you, and in the setting of a small community this makes cooperation possible even if people are not saints.

Communitarian anarchists argue that, in a society made up of communities like this, cooperation will be possible on a much larger scale. Essentially communities will agree to exchange services with one another – they may specialize in producing different kinds of goods for instance – and they will collaborate on projects that need to be carried out on a larger scale, for instance, creating a transport system or a postal service. It is in each community's interest to make these agreements, and the penalty for breaking them is that no one will be willing to cooperate with your community in the future if it proves to be untrustworthy. So once again there is no need for a central authority to tell people what to do, and no need to use coercive force to compel communities to cooperate – the system will effectively be self-policing.

What is wrong with this idyllic picture of life without the state? One major problem is that it relies on small, tight-knit communities as the basis for social order, and although in the past this might have been a reasonable assumption to make, it no longer is today. We live in societies that are highly mobile, both in the sense that people can move around physically quite easily, and in the sense that there is a ready supply of new people to collaborate with, and also, unfortunately, to take advantage of. The anarchist picture is not nonsense, but it works on the assumption that we will interact over time with the same group of people, so that the way we behave becomes common knowledge in the group. It also assumes that the possibility of being excluded from the group is a powerful deterrent to antisocial behaviour. But in a large, mobile society that assumption does not hold. We need, therefore, a legal system that will track down and punish people who injure others, and that allows us to make binding agreements with one another that carry a penalty if we default.

Cooperation between communities is also less straightforward than the anarchist picture supposes. For loyalty to your own community frequently goes along with a fairly intense distrust of others, and agreements may therefore collapse because we over here are not convinced that you over there are contributing your fair share to the project we are supposed to be working on together. And we may disagree about what fairness requires in the first place. Suppose we want to build a society-wide rail network in the absence of a central authority. What share of resources should each community contribute? Should it be so much per head, or should richer communities put in proportionally more? If my community is situated in a remote area that costs much more to connect to the network, should it alone cover the extra cost, or should that cost be shared equally by all communities? There are no easy answers to these questions, and no reason to think that it would be possible for many local communities to come to a voluntary agreement about them. The state, by contrast, can *impose* a solution: it can *require* each person or each community to contribute a certain amount, say through taxation.

Now let us consider the other anarchist alternative to political authority and the state, the one that relies on the economic market. This certainly goes with the grain of the modern world, in so far as the market has proved to be a formidable instrument for allowing people to work together in large numbers. It already supplies us with most of the goods and services we need and want. But could it replace the state?

Market anarchists – sometimes called libertarians – claim that we could contract and pay individually for the services that the state now provides, including crucially for personal protection. In the absence of the state, firms would offer to protect clients and their property, and this would include retrieving property that had been stolen, enforcing contracts, and obtaining compensation for personal injury. So if my neighbour steals something that is mine, instead of calling the (public) police, I would call my protective agency, and they would take action on my behalf against the troublesome neighbour.

But what if the neighbour disputes my claim and calls *his* agency, which may of course be different from mine? If the two agencies cannot agree, libertarians claim, they may refer the case to an arbitrator, who again would charge for her services. After all it is not in the interest of either agency to get into a fight. So there would be a primary market for protective services, and then a secondary market for arbitration services to deal with disputes – unless of course everyone chose to sign up with the same agency (but why would that happen?). And the other services that the state now provides would also be handed over to the market – people would take out health insurance, pay to have their children educated, pay to use toll roads, and so on.

Does this system really do away with political authority? The protective agencies would need to use force to protect their clients' rights. If my neighbour does not hand back the property when it has been established that it rightfully belongs to me, then my agency will send round its heavies to retrieve it. But still, there is no authority proper, because my neighbour is not obliged to recognize my agency – he can always fight back – and I too can change agencies if I dislike the way mine is behaving. So this is genuinely an anarchist alternative to the state. But is it a *good* alternative?

It might look attractive if we thought that the various agencies would all agree to implement the same set of rules to govern property disputes and so forth, and would all consent to independent arbitration in case of dispute. But why should they do this? An agency might hope to win customers by promising to fight on their behalf no matter what – i.e. even if they appeared to be in the wrong by the standards that most people accepted. Once a few agencies like this enter the market, the others would have to respond by taking an equally aggressive line themselves. And this would mean that increasingly disputes would have to be settled by physical force, with the risk to ordinary people of being caught in the cross-fire. We would be slipping back into Hobbes's condition of 'Warre, where every man is Enemy to every man', and in this condition the only rational decision for each person is to sign up with the agency that is likely to win the most fights. But the result would be to create a body with the power and authority to impose the same body of rules on everyone – in other words we would (inadvertently) have recreated the state.

There is another problem with relying on the market to carry out all the functions that states now perform. One of these functions is the provision of what are called 'public goods' – benefits that everyone enjoys and that no one can be excluded from enjoying. These come in many and varied forms – clean air and water, for example, defence against external aggression, access to roads, parks, cultural amenities, media of communication, and so on. These goods are created either by imposing restrictions on people – for example when governments require manufacturers to curb the release of toxic gases into the atmosphere – or by raising taxes and using the revenue to pay for public broadcasting, transport systems, environmental protection, and the like. Could these goods be provided through an economic market? A market operates on the basis that people pay for the goods and services they want to use, and the problem with public goods is precisely that they are provided for everyone whether they pay or not. Of course it is possible that people might contribute voluntarily if they saw the value of the good being provided: old churches that are costly to maintain rely to some extent on visitors who enjoy looking round the church putting money in the box by the door. But it is very tempting to free ride, and in the case of many public goods we may enjoy them almost without realizing it (we don't think, as we get up in the morning, how lucky we are to have breathable air and protection against foreign invasion; we take these things for granted until something goes wrong). So it seems that we need political authority with the power to compel in order to ensure that these goods are provided.

There isn't space here to consider all the ingenious arguments that libertarian anarchists have come up with to show how public goods could be provided through the market, or else by people banding together and agreeing to contribute to their production: in political philosophy there are always more arguments to make. But I hope I have said enough to suggest why neither communities nor markets – important as these are in many areas of human life – can *replace* political authority and its modern embodiment, the state.

4. How anarchists see political authority: Russian cartoon 1900. The text reads, clockwise from the top: we reign over you; we fool you; we eat for you; we shoot you; we rule you.

Much as we may dislike the state when it regulates us, taxes us, conscripts us into its service, and impinges on our lives in many other ways, we could not live well without it. The real choice is not whether to have political authority or not, but what kind of authority to have, and what its limits should be. These are the subjects of the following chapters. But we have not yet quite finished with authority itself. There is still one crucial question that needs to be answered: why should I obey it, when it tells me to do things that I dislike or disapprove of? Political philosophers call this 'the problem of political obligation'.

You might think the question has already been answered, by showing why we need to have political authority. But in fact there is still a gap between recognizing that the British government, say, has a right to make laws and impose taxes, and thinking that I personally am obliged to keep those laws and pay my tax bills. It is not as though my refusal is going to bring the government down, or seriously impede its ability to maintain social order. All states manage to survive a good deal of law-breaking and tax evasion. If I think solely about the consequences of my action, I may well conclude that more good will come from breaking the law – say preventing my local authority from demolishing a historic building by chaining myself to the gates to prevent the bulldozers getting through – or from using the money I would otherwise have paid in tax to support Oxfam. So why should I obey the law?

One reason, of course, is that I am likely to be punished if I don't. But we are looking here for a more principled reason for obeying. Some political philosophers conclude that the problem is insoluble. I should obey the law, they say, only when there are independent reasons to do so, reasons that have nothing to do with the fact that the law emanates from a legitimate authority. But others have tried to provide positive solutions – too many, in fact, for all of them to be considered here. I shall look at just two, the first because it has historically been the most popular, the second because I believe it to be broadly correct.

The first solution claims that we are obliged to obey the law because we have agreed or consented to do so. The appeal of this idea is easy to see. Suppose I go along to my local soccer club and ask to join. When Saturday comes I turn up for the match, but instead of playing by the rules, I insist on picking up the ball and running with it. The club members would no doubt be highly indignant. By joining the club, they would say, I am agreeing to play football by the normal rules, whether or not I have signed an explicit agreement to that effect. My argument that the game is more fun if people are allowed to run with the ball would rightly be ridiculed. This is a *foot*ball club, they would say: anyone who joins implicitly accepts the prevailing rules.

The difficulties begin, however, when we try to transfer this argument from the football club to the state. For generally speaking people do not choose to join states: they are required to obey them whether they like it or not. So in what sense do they give their consent? Hobbes argued that we choose to belong to the state because it is preferable to the state of nature where life, as we saw, is 'nasty, brutish, and short' and it does not matter how the state arises. Even if we submit to a conqueror at the point of a sword, we still consent to his authority, because we do so to escape a worse fate. But this stretches the idea of consent beyond recognition. What made the football club example compelling was the fact that I freely chose to join.

Later writers rejected Hobbes's argument about obligation and consent, and tried to find something other than the mere fact of subjection to the state which could be used to indicate our consent to the law. John Locke, for example, pointed out in his *Second Treatise of Government* (1689) that we all accept benefits from the state, and our acceptance can be treated as a form of consent. In particular, since one of the chief functions of the state is to protect our property, when we acquire it by purchase or inheritance, say, we are also tacitly consenting to the state's jurisdiction over that property, and therefore to its laws. This even applied, Locke thought, to someone who merely took lodgings for a week or travelled on the highway. However the problem again is that we really have little choice about accepting these benefits: we cannot live without property of some kind, even if it is only food and clothing; we cannot escape from the state without travelling the highway to the border. So it still seems to be stretching the idea of consent too far to say that anyone who enjoys state benefits is giving her consent, and obliging herself to obey the law.

More recently, some political philosophers have claimed that when we take part in elections, we agree to comply with the government that emerges and the laws it enacts. This looks more promising: we do at least have a free choice as to whether to vote or not, and there would be no point in holding elections unless people recognized the government that emerged as legitimate. But unfortunately there still seems to be a gap between voting and registering your consent. What if you deeply disagree with both parties, but vote because you think that one is slightly less bad than the other? Or what if you think that although you have in a sense consented to the overall package of policies that the winning party has announced in its manifesto, there are a few items that you find quite repugnant – and you had no chance to vote on these individually? Perhaps the voters' consent can help explain why governments have legitimate authority, but not why individual citizens have an obligation to obey the law.

If we set the consent approach aside, a more promising way of showing that such an obligation exists involves an appeal to fairness or 'fair play'. Again an example is the best way to convey the basic idea. Suppose a group of us are living in a house with a shared kitchen. Every week or so one of the residents tidies the kitchen and gives the pans and the surfaces a really thorough clean. Now everyone else has done the cleaning routine and it is my turn to spend half an hour scrubbing saucepans and mopping worktops. Why ought I to do this? I have benefited from the work the others have put in – I have enjoyed having a clean kitchen to cook my supper in – and so I ought to carry my share of the cost too, in this case the cost of a bit of manual labour. If I don't take my turn, I'll be taking advantage of the other residents, and that's unfair. Notice that we don't need to assume here that I have agreed or consented to take part in the cleaning rota: my obligation stems directly from the fact that I am the beneficiary of a practice that requires each person to contribute in turn.

How does this idea transfer to political obligation? Keeping the law, and complying with political authority more generally, means forgoing opportunities that would otherwise be available to you. Each of us would prefer to do exactly what he pleases, free from the burdens of respecting other people's rights, paying taxes, and observing the traffic laws. Furthermore compliance is a benefit to others. When you pay your taxes, the rest of us benefit from the roads, schools, and hospitals that the taxes are used to pay for. When you stop at the red light, you make it safer for other motorists to cross on green. So it looks as though the person who breaks the law but benefits from the fact that other people are observing it is behaving unfairly in just the same way as the person who uses the kitchen but won't take his turn at cleaning it.

Looks can be deceptive, however. There are at least two difficulties that have to be overcome if the fair play argument is going to justify political obligation. The first is that we have to show that the benefits the state provides really are benefits for everyone. What if the laws protect property, but only some people are property owners, for example? Or what if taxes are being used to fund art galleries and many people care nothing for art? The argument can work, however, so long as the whole *package* of benefits provided by the state makes everyone better off, and so long as the benefits are shared reasonably fairly among all the citizens whose compliance makes the system of authority possible. Perhaps I never visit art galleries, but I do use the football pitch provided free of charge in my local park.

Mention of fairness brings us to the second difficulty. In the kitchen example, I was taking it for granted that each person sharing the house made roughly equal use of the kitchen, and therefore would share the burden of cleaning equally. But what if one person only cooks there once a fortnight? Should she have to clean as often as the rest? Should we say that she does, because after all she *could* use the kitchen more often if she chose, and it is always available in case she needs it? Or should we try to adjust the contribution she is required to make in line with her actual usage? We might call these questions of substantive fairness, and it seems as though the fair play argument works best when it is applied to practices that are substantively fair, in the sense that the costs and benefits of the practice are shared fairly among the individual participants. But if we try to move from the simple kitchen example to society as a whole, we run into difficulties. What would a fair distribution of social costs and benefits look like, given that people have very different needs, abilities, preferences, and so forth? And if, as seems likely, the way that costs and benefits are *actually* distributed in societies today falls very far short of this ideal, can we still say that everyone has an obligation to obey the law in order to maintain a fair practice?

It seems, then, that my preferred solution to the problem of political obligation requires us to tackle the issue of social justice, which we will do in Chapter 5. But suppose for the moment that we are able to show that our society is sufficiently fair that its members do have an obligation to keep the law. Does this mean that they are never justified in breaking it? Or could political obligation be outweighed by other principles? Political philosophers, including Hobbes, have often argued that, without strict obedience to political authority, that authority will crumble into dust. But in practice it seems that states and other forms of political authority can survive and function effectively so long as people are generally (rather than universally) disposed to comply with them, and this opens the door to limited forms of disobedience, especially what has come to be called *civil disobedience* – illegal but non-violent forms of political protest whose purpose is to put pressure on government to change its policies. The argument for civil disobedience is that if a particular law is sufficiently unjust or oppressive, or if the state refuses to listen to the concerns of a minority when making its decisions, this can justify breaking the law if legal forms of protest prove to be ineffective. Political obligation, in other words, need not be binding on all occasions. We can have a general obligation to obey the law, and still be justified in acting illegally in extreme circumstances.

What difference does democracy make here? A common view is that civil disobedience might be an acceptable way of protesting against an authoritarian regime, but in a democratic state, with free speech and the right to protest peacefully, it cannot be justified – political obligation is more stringent here. But this implies that there is something special about democratic political authority that distinguishes it from other forms of political rule. What this special feature might be is the subject of the next chapter.

Chapter 3
Democracy

We have seen why good government, at least in large-scale, modern societies, requires that we establish and maintain a system of political authority. Hobbes, whose lead we followed in showing why political authority is necessary, thought that it was essential to create an absolute sovereign – an undivided source of authority whose writ would be subject to no earthly limitations (Hobbes believed sovereigns still owed obligations to God). It was not essential that this sovereign body be a single person – a monarch – but Hobbes thought this was preferable, because a monarch's will would be constant, and not subject to internal divisions, unlike that of an assembly. But Hobbes's view on this point was challenged from the moment that he wrote by those who thought that to replace the insecurity of the state of nature by an all-powerful monarch able to dispose of his subjects' lives and possessions however he wished was simply going from bad to worse. As John Locke memorably remarked, it assumes that

> Men are so foolish that they take care to avoid what Mischiefs may be done them by *Pole-Cats*, or *Foxes*, but are content, nay think it Safety, to be devoured by *Lions*.

Hobbes's only defence against this criticism was to say that a prudent monarch would wish his subjects to be prosperous, because it was on their prosperity that his own power finally depended. But, looking at the historical record, we might conclude from this that rather few monarchs have been prudent. Political authority is justified because it provides the conditions under which people can live secure and flourishing lives, and we want to be as certain as we can that this is what it does. Trusting everything to an absolute monarch is simply too risky. As an alternative, we might suggest placing authority in the hands of those we know to be wise and virtuous, and to have the interests of the people at heart. This is the argument for aristocracy, which literally means 'the rule of the best', and it was the argument that convinced most political philosophers up until at least the mid-19th century. The problem, however, was to determine what exactly goodness in a ruler amounted to, and then to find some way of selecting those who displayed this quality. This proved difficult to do: in practice aristocracy meant the rule of the well-born, the propertied, or the educated class, depending on time and place. Even if one could show that people drawn from these classes had political skills not possessed by the rest of the population, there was still the problem that they had interests of their own separate from those of the majority – and why believe that they would not pursue these interests at the expense of the common good?

So the case for constituting political authority democratically gathered momentum, and it rested on two basic assumptions: first, that no person was naturally superior to another, so any relations of authority between them stood in need of justification – in other words, each person should enjoy equal political rights unless it could be shown that everyone gained from having inequality; second, that the interests of the people were best safeguarded by making them the final repository of political authority – anyone entrusted with special powers must be accountable to the people as a whole. But this still left it open exactly what role the people as a whole should play in government. Should they be directly involved in legislating, as Rousseau argued in his *Social Contract*, and if so how? Or should they only be involved at one remove, by choosing representatives who would wield authority on their behalf?

In practice, as we know, those political systems we call democracies give their citizens only a very limited role in government. They are entitled to vote at periodic elections, they are occasionally consulted through a referendum when some major constitutional question has to be decided, and they are allowed to form groups to lobby their representatives on issues that concern them, but that is the extent of their authority. Real power to determine the future of democratic societies rests in the hands of a remarkably small number of people – government ministers, civil servants, and to some extent members of parliament or other legislative assembly – and it is natural to ask why this is so. If democracy is the best way to make political decisions, why not make it a reality by letting the people themselves decide major questions directly?

One answer that is often given at this point is that it is simply impractical for millions of ordinary citizens to be involved in making the huge number of decisions that governments have to make today. If they were to try, not only would government be paralysed, but they would leave themselves no time to do all those other things that most people think are more important than politics. But this answer is not adequate, because it is not difficult to envisage citizens making general policy decisions whose detailed implementation would then be left to ministers and others. The electronic revolution means that it would now be quite easy to ask citizens for their views on a wide range of issues ranging from war and peace through taxation and public expenditure to animal welfare and environmental issues. So why is this done only on those rare occasions when a referendum is called?

The reason is that there is a widespread belief that ordinary people are simply not *competent* to understand the issues that lie behind political decisions, and so they are happy to hand these decisions over to people they regard as better qualified to deal with them. An uncompromising statement of this point of view can be found in Joseph Schumpeter's book *Capitalism, Socialism and Democracy* (1943), where it is argued that the citizen's job is to choose a team of leaders to represent him or her, not to attempt to decide issues directly. Schumpeter claims that whereas in economic transactions, for instance, people experience the results of their decisions directly – if they buy a defective product, they soon discover their mistake – in the case of political decisions there is no such feedback mechanism, and as a result people lose touch with reality and behave irresponsibly.

> Thus the typical citizen drops down to a lower level of mental performance as soon as he enters the political field. He argues and analyses in a way which he would readily recognize as infantile within the sphere of his real interests. He becomes a primitive again.

This is strong stuff, and what it really entails is that the best we can hope for is what is sometimes called 'elective aristocracy', where all that can be asked of the ordinary citizen is that she should be able to recognize people who are competent to make decisions on her behalf (and to vote them out of office if they prove not to be). Whatever its other virtues, such a system hardly matches the democratic ideal that political authority must rest in the hands of the people as a whole. So what can we say in response to Schumpeter's scepticism? Let us look more closely at what is involved in reaching political decisions.

A political decision essentially requires a political *judgement* about what ought to be done in circumstances where there are several options open and there is disagreement about which option is best. What are the elements that go into such a judgement? First of all there is factual information about what will happen if one or other option is chosen. What effect will a particular tax increase have on the economy, for instance? Second, there is information about what the people who will be affected by the decision actually prefer. Suppose the tax increase is being considered in order to fund new sports facilities, say, how many people actually want these facilities, and how much do they want them? Third, there are questions of moral principle. Is it *fair* that everyone should be taxed to pay for sports facilities, or should the cost be borne by those who are going to use them?

In most cases, making a political judgement will involve all of these three elements, although the mix will vary from case to case. Some issues are primarily technical, so that once we can agree about the factual questions at stake, the decision will be fairly straightforward. Before we license a new drug, for instance, we will want to know that it has been properly tested and shown to be safe, but once that has been done, it is a routine matter to give the green light. In other cases, questions of moral principle are central. Take the debate about whether the death penalty should be adopted or retained for certain crimes. Factual information is relevant here – how effective a deterrent will the death penalty prove to be for crimes of these kinds, how likely is it that innocent people will be convicted? – but the key issue, for most people, is whether we are morally permitted to take the life of another human being by way of punishment.

The hardest judgements to make are on questions that involve all three elements at once. Consider the current debate in Britain about whether fox-hunting should be permitted or banned. Factual questions are relevant here: how much does fox-hunting contribute to control of the fox population? What would be the effect of an outright ban on the rural economy? So also are questions of preference: how much does it matter to those who now hunt foxes that they should continue to do this rather than, say, chasing hounds along aniseed trails? And do other country-dwellers want hunting to continue, or are they fed up with horses and hounds trampling their fields and damaging their fences? And finally there are the moral issues: does personal liberty include the right to hunt foxes? Or do foxes and other animals have rights that include the right not to be killed? Most people, in reaching a decision, would want to take all of these questions into account, and that is why it is hard to form a rational judgement on the issue. In practice, of course, people do have strong opinions on issues such as this, but perhaps this just shows that Schumpeter's disparaging remarks about the ordinary citizen's level of competence on political questions are fully justified.

But now let us ask whether the people who are chosen to represent them can be expected to do any better, taking each element of political judgement in turn. One of the great difficulties that beset political decision-making in contemporary societies is that many judgements require factual information that only those who are really expert on the subject in question can provide. This is obviously true when scientific matters are at stake, but the same applies in the case of many economic and social issues, where the problem is to determine what are the likely effects of a proposed new law or policy. Would legalizing cannabis increase or decrease the number of those who end up taking heroin and other hard drugs, for instance? The answer to such questions is far from obvious, and elected politicians and civil servants in general have no more expertise in answering them than the rest of us. Like us, they have to rely on the opinions of those who do have some expertise, and where those opinions differ, they have to make a judgement about who is more reliable. So far, there is no reason to think that an elective aristocracy will make better judgements than the general public.

The next element is to discover what people's preferences are, and how strong they are, and here, you may well think, democracy has a decisive advantage. For when decisions are taken democratically everyone has a chance to contribute, and so the views and preferences of people from different social classes, different ethnic and religious backgrounds, and so forth, will all be heard, whereas the political class who govern us today are predominantly white, male, and middle class. Of course members of parliament, and other legislators, are supposed to listen to their constituents' views, but in reality they enjoy a very high degree of independence – in so far as they are under pressure to vote in one way rather than another, it comes from their party, not from the people who elected

5. One way to invigorate democracy: politicians beware!

them. So if we want political decisions to respect the preferences of those who are going to be subject to them, shouldn't we listen to the people as a whole rather than to a small, socially unrepresentative minority?

But before jumping to that conclusion, there is a complication we need to consider. Suppose that we have an issue where the majority favours one policy, but the minority, which favours a different policy, cares much more strongly about it than the majority. Cases of this kind occur quite often. The fox-hunting debate may be a good example. Most people hold fairly negative views about fox-hunting, even if they do not hold strong moral views about the rights of animals. They see it as an archaic, snobbish, and generally distasteful spectacle; given the chance, they would vote to ban it. The fox-hunters themselves are a small minority, but they mostly feel very strongly that they should be allowed to continue hunting. It is an important social event in many rural communities, and people's livelihoods depend on it. A political judgement about fox-hunting ought to consider not only the *number* of preferences on either side, but also the *strength* of those preferences. It does not seem right that a lukewarm majority should in all cases override a passionate minority.

Why might elected representatives be likely to make a better judgement than the general public on issues like this? One reason is that they are more likely to be lobbied by members of the minority who feel strongly about the issue. They may be persuaded when they see the strength of feeling on that side of the argument, or they may just be concerned not to lose votes at the next election. Moreover minorities can join forces, agreeing to support one another's demands, so that taking several issues together a majority coalition can emerge. This picture of representative democracy is sometimes called pluralism, and it rests on the assumption that people will be moved to form groups to defend their strongly felt interests and preferences, and that decision-makers will respond to the activities of such groups, which besides lobbying might involve demonstrating or even perhaps engaging in illegal forms of protest.

There is certainly some truth in the pluralist picture, but political scientists have tended to be sceptical. For group pressure depends not only the number of people who care about an issue, and how much they care, but also how well organized and resourced the group is. And that gives a built-in advantage to certain interests, most notably business interests, who can hire persuasive advocates to lobby on their behalf – possibly even enlist elected representatives directly – and also plausibly threaten dire consequences if their demands are not met. Under a representative system, then, minorities are indeed listened to, but by no means all minorities to the same extent.

Compare now what might happen if the whole public had to vote on some issue where the majority and the minority had different preferences. There would be no central point at which lobbying activities could be directed, so any group would have to rely on direct contact between its members and as many of the public as they were able to reach. Groups with plenty of resources might be able to use these to run media campaigns – though this could be limited in the same way as election expenditures are limited in many democracies today. They would have much less influence in this direct version of democracy than they do under a representative system. So in general we can say that minority groups would have to rely more on persuasion and less on power and influence under a system of this kind. How they fared would depend primarily on whether members of the majority were willing to listen to their concerns and respond by changing their own views, perhaps by finding a compromise. I shall say more shortly about the crucial role that discussion has to play in democratic decision-making. But before that we need to consider the third element in political judgement, the moral element.

Moral principles are involved in almost all political decisions, not only those involving so-called 'moral issues' such as abortion or the legalization of homosexuality. Typically the question is whether a proposed piece of legislation treats all individuals or all groups fairly, or whether it infringes any of their rights. Do members of the political class have any deeper knowledge of the relevant principles than ordinary citizens? It is difficult to argue that they do: there are no moral experts, it is often said. In fact, there is likely to be a large measure of agreement on the basic principles that should govern political life in a democratic society. So there is no reason to think that if citizens were asked to decide issues directly, they would make a worse job of it on moral grounds than the people they currently choose to represent them.

But can we really separate these three elements of political judgement, or is political expertise precisely a matter of being able to *combine* relevant factual information, knowledge of citizens' interests and preferences, and moral principle, to find the best solution to a political dilemma? There is certainly something in this challenge. Political decisions are often hard to make: they may require mastering some complex information, or weighing up two finely balanced moral arguments. People who have to make them frequently get better at doing so. But this is not because they have some special inborn capacity denied to the rest of us. There is no reason to think that ordinary members of the public, given the time and the information that they need to think carefully about a problem, would not perform as well. There is some evidence to bear this out: *citizens' juries* are small committees whose members are randomly selected from the general public, formed in order to discuss and make recommendations on issues such as health policy and transport strategy. They call expert witnesses to provide information, listen to advocates representing different points of view, and debate the issues among themselves before coming to a verdict. Observers have been struck by how serious and thoughtful their discussions are, and how reasonable their conclusions.

So how are we to explain the low levels of political knowledge and political interest that most citizens in democratic societies show when interviewed or surveyed? Typically they cannot name leading politicians, cannot explain how the main parties differ on policy issues, and so on. One explanation is that democracy as currently practised gives people very little incentive to acquire political knowledge or skill. All they are asked to do is to make a party choice once every four or five years, and you do not need to know much about politics in order to make a decision of that kind. Understanding the finer details of policy is usually irrelevant. So we face a chicken and egg problem. It would be risky to ask the general public to make major policy decisions unless they have the skills and information to make good judgements, but they have no incentive to acquire these unless they are given significant decisions to make.

Should we worry about the fact that our democracy remains incomplete so long as the political role of ordinary citizens is largely confined to voting at elections, plus intermittent activity when some particular interest of theirs is at stake (such as responding to a planning proposal to put a new road or housing development in their back yard)? I think we should. Our word 'idiot' comes from the Greek *idiotes* which was the term used to describe someone who lived an entirely private existence and took no part in the public life of the city. Most of us today are idiots, then, inasmuch as we fail to exercise our political intelligence. Rousseau thought that handing over political authority entirely to elected representatives was a pernicious modern practice:

> The people of England deceive themselves when they fancy they are free; they are so, in fact, only during the election of members of parliament: for, as soon as a new one is elected, they are again in chains, and are nothing. And thus, by the use they make of their brief moments of liberty, they deserve to lose it.

Even if we think Rousseau exaggerates here, we ought to be concerned that most citizens in contemporary democracies are too apathetic even to keep an effective watch over the activities of their elected leaders. We need to develop forms of participation, either at local level, or through selecting members of the public at random to sit on citizens' juries and other such bodies, that give everyone the experience of active citizenship. Experience that is gained in this way raises people's competence generally and makes them more likely to take a continuing interest in political affairs. Democracy, we discover, is not an all-or-nothing matter, but a continuing struggle to give the people as a whole final authority over the affairs of the state.

But now we must return to the unresolved issue of the majority and the minority. For although in a shorthand way we think of democracy as 'government by the people', in reality when decisions have to be made it is usually the majority which decides them (indeed elections are often won by parties who are supported by *less* than a majority of voters). Since it is very unlikely that there will be unanimous agreement on the best policy to be adopted, majority voting seems unavoidable as a way of making decisions, but what are we to say about those who end up on the losing side?

6. Jean-Jacques Rousseau, philosopher of democracy.

It might at first seem as though they have no legitimate complaint to make: after all their votes were counted equally with those of the majority, and to give them any *greater* weight would violate the idea of political equality that as we saw lies behind democracy itself. But that is not the end of the matter. There are two circumstances in particular in which a minority may feel that majority rule *violates* political equality. One we have already encountered: the case where those who vote with the majority are affected much less by the decision, or have fewer interests at stake, than those who form the minority. Although heads have been counted equally, it appears as though preferences or interests have not. The second circumstance is one where one group finds itself in a minority repeatedly when votes are taken. Imagine a rackets club which has a larger number of keen tennis players and a smaller number of equally keen squash players, and imagine that every time a vote is taken on whether to spend money upgrading the tennis or the squash courts, the squash players lose. We might think that this arrangement does not treat each member equally, and is therefore less democratic than one where the squash players get their way from time to time. In other words, we have the problem of the *intense* minority and the problem of the *persistent* minority.

How might these problems be addressed in a democracy? There are broadly two approaches that we can take. The first is to design a constitution that limits the scope of majority rule in such a way as to protect minorities. For instance, the constitution may contain a list of rights that every citizen must enjoy: a proposed law or policy decision that would infringe one of these rights will be thrown out as unconstitutional – there has therefore to be a special authority, usually a constitutional court, that is given the power to decide whether a measure that is being considered, or has been provisionally adopted, is in breach of the constitution. Any minority then has the assurance that whatever the majority decides cannot violate one of their basic rights as laid down in the constitution.

Arrangements such as this are often criticized as undemocratic, because they give a small committee of judges, for instance, the right to block the expressed will of the majority of citizens. But it is not difficult to envisage the constitution itself being adopted by a democratic procedure, and most real-world constitutions make provision for amendment, usually requiring more than just a simple majority of voters to support an amendment if it is to pass. Why would people vote for a constitution that restricted their power to make majority decisions in future? They might well do so because they wanted certain of their rights protected, and could not be sure that they might not find themselves as part of an unpopular minority. Take religious freedom as an example. Anyone with religious beliefs wants to be sure that she can practise her religion safely, even if the majority in her society is strongly opposed to the particular religion she believes in. It is not easy to predict which religions might incur the wrath of the majority in future, so by having a right to freedom of worship included in the constitution, she can get that security.

Another constitutional device to protect minorities is to create separate constituencies to decide different sets of issues. This happens, for example, in federal systems, where regions or provinces are given the power to legislate on issues that are particularly relevant to their inhabitants, with other decisions being reserved for the central government. But the separate constituencies need not be territorially based. Let us go back again to the example of the rackets club whose squash players get a raw deal. An obvious solution to the problem is to create two subcommittees, one to look after the tennis courts and the other the squash facilities, and to give part of the club's annual budget to each. Minorities are protected here by being turned into majorities on the issues that matter most to them.

It would be naïve, however, to think that all minority problems can be solved by one or other of these constitutional devices. The issue of fox-hunting reveals this only too clearly. Those who want to hunt foxes cannot defend themselves simply by appealing to their constitutional rights, because it is very unlikely that any constitution will incorporate an unlimited right to hunt animals. In the next chapter I shall be looking in more detail at how we might try to establish a realm of personal freedom that governments have no right to infringe, but it is fairly easy to see that hunting rights are not going to be included in that story. The hunting of animals is surely a legitimate matter for majority decision, because both animal welfare and the protection of endangered species are issues that potentially concern everyone. Nor can the strongly held views of the fox-hunters be addressed by saying that fox-hunting is an issue over which they and they alone should have the power to decide. There are obviously far too many conflicting interests at stake for the decentralized solution that worked in the rackets club case to work fairly here.

So although constitutional devices are an important way of ensuring that minorities do not suffer at the hands of the majority, a democratic system that aims to treat every citizen equally has to go further. It has to try to ensure that the majority takes the concerns of the minority properly into account before reaching a final decision, even in cases where basic rights are not at issue. The key to this is public discussion, where both sides listen to the other's point of view, and try to find a solution that as far as possible is acceptable to both. In other words, the people who form the majority do not simply vote for the solution that they most preferred prior to the debate. Instead they try to form a judgement after listening to the arguments made on the other side. Sometimes they can find a general principle that both sides can agree to and that provides a way forward.

But why should the majority behave like this? Usually the eventual solution involves the people on that side of the debate giving up part of what they had originally wanted – for instance, people who started off wishing to ban fox-hunting entirely might accept, after hearing the arguments, that hunting should be allowed to continue provided it is properly regulated. But if you have numbers on your side, why retreat in that way? There are two reasons. One is simply respect for your fellow-citizens. You may disagree with them deeply on the particular issue that is on the table, but their voices are supposed to count equally, in a democracy, and so you must listen to them before you decide – and if possible find a solution that takes account of what they say (there are some issues over which no accommodation is possible, but these are actually quite rare: even in a case like abortion, for instance, there are other possibilities besides an outright ban and making abortions freely available on demand). The other reason is that next time round you may find yourself in a minority, and then you will want those on the other side to take *your* concerns into account. In other words you have an interest in promoting a democratic culture in which majorities do not simply ride roughshod over minorities, but try to consider their interests fairly when reaching decisions.

Democracy, it turns out, is a demanding business. It requires people to take an interest in political issues that are often complex and seemingly remote from their daily lives, and it requires them to exercise self-restraint when deciding these issues – in particular by not trampling on minority groups even when they have the power to do so. It can be hard to resist the siren voices that tell us that we are better off leaving political decisions to those we have chosen to represent us. But unless we resist – unless we hold fast to the idea that political authority must finally rest with the whole body of citizens – we will end up, as Locke warned, being devoured by the lions who rule us.

This discussion of democracy has also raised three further issues that will occupy us in the chapters that follow. One is whether there is a sphere of personal freedom that should be protected against the intrusion even of democratic government. Another is whether some minority groups should be given *special* rights, over and above the constitutional rights that all citizens should enjoy, to ensure that they are treated fairly. And the third is about the conditions under which democracy is possible at all – specifically about when people will trust one another sufficiently for them to respect a democratic constitution, and be willing to discuss and decide issues in an atmosphere of mutual respect. In the next chapter I deal with the first of these questions.

Chapter 4
Freedom and the limits of government

If we imagine our Siennese painter, Ambrogio Lorenzetti, transported in a time machine to the present day, and asked for his opinion of the political philosophy contained in this book, I believe he would find much that has been said up to now familiar and broadly acceptable. He would probably think I had given anarchist ideas more space than they deserve, and he would find it extraordinary that anyone should have moral objections to hunting foxes. But on the nature of political authority, on the need for rulers to be responsible to the whole body of citizens, and on what good political judgement requires, we would (I hope) find ourselves in broad agreement. Yet Lorenzetti would find the chapter that now begins much more puzzling. It is about the question whether there is a realm of human freedom that must be kept beyond the reach of politics – whether there are areas of human life in which government must categorically not intervene. This idea, which is a central element in the dominant political ideology of our age, liberalism, had not appeared when Lorenzetti was painting. Of course Lorenzetti's good government left its people a considerable amount of liberty: they were largely left free to farm, to trade, to hunt, and so on. But this was not a matter of principle, more a matter of the limited capacity of governments to intervene in these areas of daily life.

The idea of limited government took shape over several centuries, and the first impetus came from the religious conflicts that followed the European Reformation of the 16th century. When the monopoly of the Roman Catholic Church over the religious life of Christian societies was broken, the initial response was that each political community should have its own established religion, Catholic or Protestant. But the multiplication of Protestant sects gave rise to a demand for religious toleration: within certain limits, each person was entitled to find his own path to God, and the state had no business interfering with this quest. With the further passage of time, the claim for religious freedom expanded to become a wider claim for personal freedom – for each person's right to choose his own beliefs and his own way of life so long as these choices did not impinge directly on anyone else. In particular the Romantic movement of the late 18th and early 19th centuries bequeathed to all later generations the idea that each person is a unique individual who can find true fulfilment only if she is allowed to choose for herself how she should live, and this requires the greatest possible space to try out new and unconventional ways of living – new occupations, new forms of artistic expression, new ways of conducting personal relationships, and so forth. As John Stuart Mill put it in his classic text *On Liberty* (whose practical proposals we shall come to later):

> There is no reason that all human existence should be constructed on some one or some small number of patterns. If a person possesses any tolerable amount of common sense and experience, his own mode of laying out his existence is the best, not because it is the best in itself, but because it is his own mode. Human beings are not like sheep; and even sheep are not indistinguishably alike.

Because individual freedom is of such great value, liberals argued, governments must be prohibited from interfering with it, no matter how well they are constituted. Good government is not enough: even the best-constructed and best-intentioned government will be tempted to intrude in areas in which individual liberty ought to be sacrosanct. This is the idea that Lorenzetti would have found so strange, and that I shall explore in the present chapter.

There are two central questions that we need to ask. First, what exactly is the freedom we are talking about? What does it mean to say that someone is free to do this or that, or live in one way or another? Second, what are the limits of individual freedom? What should happen when my freedom comes into conflict with other political goals, including the freedom of everyone else? Is there a principled way to decide this?

Let us begin then with freedom itself, an elusive idea that has filled the pages of many books of political philosophy. As a first shot, let us say that a person's freedom depends on the number of options open to her, and on her capacity to make a choice between them. Someone who has a choice between ten different jobs has greater freedom than someone who only has two to choose between. Of course the quality of the options matters too: you may think that having two good jobs to choose between gives you more freedom than having ten lousy ones, particularly if the lousy ones are all rather similar (street cleaner, office cleaner, toilet cleaner, etc.). So rather than 'number of options' we should perhaps say 'extent of options' where this takes into account both how different the options are, and how valuable they are. As to the second clause, 'capacity to choose', we need this because someone might be presented with options but for one reason or another not be able to exercise a genuine choice between them. For instance suppose someone offers you the choice of going to see one or other of two plays this evening, but only tells you their titles, neither of which means anything to you at all. You can pick a play at random, but you cannot choose in the sense of deciding which play you would most like to see. Or again suppose that someone is completely under her mother's thumb and always does what mother suggests. She is offered various jobs, but invariably takes the one that her mother recommends. From one point of view she has the freedom to choose her employment, but from another point of view she hasn't.

So we can say that freedom has an external and an internal aspect: it depends on whether the world is arranged in such a way that someone has many doors open to him, but it also depends on whether he is able to choose, genuinely, which door to pass through. But now we need to dig a bit deeper to see what it means for a door to be open, and what it means to make a genuine choice.

When can we say that an option is available for someone to choose? Let us turn this around and ask when an option is *not* available. The most clear-cut case is one where it has been made physically impossible for the person in question to pursue that option. Someone who has been tied up or thrown in gaol has very little freedom because he is physically prevented from doing nearly all of the things that he might otherwise do. Some political philosophers, including our old friend Hobbes, have argued that it is *only* physical impediments that restrict people's freedom. But to most people this seems a very narrow view. We generally think that options become unavailable when sanctions of various kinds are attached to them. Laws, in particular, restrict the freedom of those who are subject to them, because a penalty is applied to law-breakers. There is nothing to prevent me physically from driving above the speed limit or smashing the windows in my neighbour's house, but if I do these things I am liable to be caught and punished, so I am not free to do them. The same applies to threats issued by private individuals. If someone threatens to beat me up if he catches me talking to his girlfriend again, then (assuming the threat is meant seriously), that option is no longer open to me.

Physical prevention and sanctions are generally accepted as barriers that reduce freedom. Much more controversy arises in cases where people may be deterred from pursuing options because of the cost of doing so, where the cost does not take the form of a punishment or some other sanction. As the question is sometimes put, is a penniless person free to dine at an expensive restaurant – the Ritz, for instance? Do we say 'No' because in reality there is no way that person can eat at the Ritz (at least without suffering some fairly dire consequences when it is discovered that he has no money)? Or do we say 'Yes' because the only thing preventing him is his lack of resources, not any intention on the part of the Ritz's owners or anyone else to stop him from eating there? This is more than just a philosophical question, because how we answer it affects the way we think about the relationship between government and freedom. Among the policies pursued by governments are those that transfer resources from one set of hands to another – typically from better off to worse off people. We would like to know whether this increases the freedom of the recipients, or decreases the freedom of the contributors, or neither, or both.

So let's consider some examples in which people cannot do things that they would otherwise choose to do because of the cost. Should we say that once the cost reaches a certain point people are no longer free? This is too simple: compare someone on a modest income who cannot buy a holiday that costs £10,000 with someone on the same income who needs an operation to relieve a painful (though not disabling) condition that is only available privately for £10,000. Why do we say that the second person is not free to have the operation he needs, whereas in the first case we typically use different language – he is free to have the holiday, but he simply cannot afford it, we might say? Why does the language of freedom come naturally in the second case but not the first? Expensive holidays are luxury items whose distribution can reasonably be left to the economic market, where people make choices over how much they earn and how they spend their income. Whether or not the person we are considering could actually have raised £10,000 by working longer hours, changing jobs, or cutting back on other expenditure – that may be in dispute – we know for certain that nobody was under any obligation to provide him with the holiday. In contrast, the state has an obligation to ensure that everyone has access to adequate health care, whether through a public health service or by regulating the health insurance market so that everyone can buy suitable cover. So if someone is left facing a £10,000 bill for an operation that she needs, responsibility for this lies with the state, which has failed in its obligation. Whether the cost of taking an option is a restriction of freedom depends not just

LIBERTY, BASE VARIETY

7. A controversial view of liberty, 1950.

on how big the cost is, but on how the cost arose and whether anyone else can be held responsible for its existence.

The commonly held view that the more governments do, the less freedom people have, is therefore mistaken. Governments do sometimes restrict freedom, sometimes justifiably, sometimes not (seat-belt legislation, for example, restricts the freedom of car-users, but most people would agree that it is justified by the lives it saves). But at other times government action can increase freedom, by giving people options that they would not have otherwise because of the cost. We need to look at particular policies, to see whether in opening options up they are closing down other ones that are more important. Unfortunately much political rhetoric about 'the free society' never gets down to this level of detail. Political philosophers, who ask exactly what we mean when we say that a person is or is not free to pursue a particular option, can help us make better-informed and more nuanced judgements about the relationship between government and personal freedom. This is a good illustration of my argument in Chapter 1 about the value of thinking philosophically about the political issues of the day.

Government can do less directly about the internal aspect of freedom, a person's capacity to make genuine choices among the options open to her. This is sometimes called 'positive liberty' as distinct from the 'negative liberty' of having options that are not blocked by external factors. These two kinds of liberty have been contrasted with each other, as they were by the political philosopher Isaiah Berlin in a famous lecture called 'Two Concepts of Liberty'. Berlin wanted to highlight the dangers in 'positive liberty' which he believed could be used in such a way as to justify authoritarian or totalitarian regimes, like Stalin's Soviet Union, which gave their subjects very little 'negative liberty'. But I believe it is more fruitful to see them as complementary, and I gave examples earlier to suggest why we should be concerned about genuine choice as well as about the availability of options. But how are we to know when a choice is genuine? This is more difficult to decide.

It may help once again to approach this question from the opposite angle, by asking when choices are obviously *not* genuine. A fairly clear-cut example is provided by people who are in the grip of a compulsion or an addiction – for instance kleptomaniacs who simply cannot help shoplifting when the opportunity arises, or drug addicts who will go to any lengths to get the next fix. People in this position act on their strongest desire at the moment of decision, but when they stand back and reflect, they know that these are not the desires they want to have. If they could push a button to get rid of the compulsion or addiction, they would. Their decision to grab the shirt or inject the heroin is not a genuine choice because it is motivated by an urge that the individual involved would rather not have.

A different example occurs when a person's choices are determined by an outside force, like the girl who always does what her mother tells her. Although the person concerned appears content with her decisions – there is no inner struggle as there often is in the case of the compulsive or the addict – we feel that the decisions are not really hers. Genuine choice requires a certain kind of independence; a free person must ask herself 'what do I really want or really believe' and be able to reject second-hand answers. People lose their freedom, in this sense, when the social pressure on them to conform to prevailing conventions or prevailing beliefs becomes so intense that they are unable to resist. Religion and political ideology can both have this effect.

How can we promote this inner freedom, the capacity to make genuine choices? One way is to expose people to a wide range of alternatives, so that they are less likely to take it for granted that any one set of beliefs, or any one way of life, must be the right one (conversely religious sects and political regimes that want to control their members' choices go to great lengths to ensure that they do not get to see or experience anything that deviates from their approved way of living). So a government that wanted to promote freedom to choose could do so by encouraging social diversity – by exposing people to new ways of living, new forms of culture, and so on. One practical manifestation of such a policy would be an education system that encouraged children to think critically about the beliefs and values they have inherited from their parents or imbibed from their social network, and at the same time exposed them to other faiths and other cultural values by drawing children from different communities together in common schools. But unlike external freedom, internal freedom cannot be guaranteed. Some people are independent-minded by nature; others are born conformists. All that politics can do is to provide more favourable conditions for those who want to choose their own path in life to do so.

So far I have tried to explain what freedom is and why it is valued so highly in contemporary societies. Now I want to begin to explore its limits. That individual freedom must be limited in various ways should be self-evident: the freedom of each person must be restricted to allow everyone to enjoy (external) freedom to the same extent, but beyond that there are many legitimate social goals whose pursuit involves placing limits on what individuals may do. To protect the natural environment, for instance, we have to prevent people dumping litter, poisoning the air with exhaust gases, turning wildlife habitats into housing estates, and so forth. We balance freedom against other values, and sometimes freedom has to give way. But how far should this balancing go? Is there a sphere of personal freedom that we are never justified in infringing, no matter how good the consequences of restricting freedom might appear to be?

John Stuart Mill, whose essay *On Liberty* I have already cited, believed that there was indeed such a sphere within which liberty should be inviolable. He argued that when a person's actions were 'self-regarding', meaning that they caused no harm to the interests of anyone except possibly the person himself, they should never be interfered with. Mill thought that this principle would justify freedom of thought and expression, and the personal freedom to

8. Isaiah Berlin, the most widely read philosopher of liberty in the 20th century.

live in the way one wanted – how to dress, what to eat and drink, what cultural activities to pursue, what sexual relationships to have, what religion to follow, and so on. (These ideas are familiar to us now, but when Mill wrote, in the mid-Victorian period, they were regarded as radical, indeed even as shocking.) But is it possible to draw the line that Mill wanted to draw? Are there really any actions that are certain to cause no harm other than to the person who performs them?

Mill acknowledged that people might well be *offended* by behaviour that he would classify as self-regarding – by outrageous dress, unusual sexual practices, militant atheism, and so on. But he argued that being offended by something is not the same as being harmed by it. Harm is a matter of being attacked or threatened, having your property destroyed, or your economic position worsened, and in Mill's eyes this was something that could be established objectively. Offence, by contrast, depends on the personal beliefs and attitudes of the person offended – you may be offended by homosexuality, or rap music, but that is because according to your personal scale of values these activities are wrong or unacceptable; my reaction may be quite different. Mill thought it was perfectly in order for those who found other people's behaviour offensive to avoid the offenders, or indeed to try to persuade them to change their ways, but what they were not permitted to do was to prevent, by law or other means, the behaviour in question.

But we can ask whether offence and harm can be so easily separated. Suppose that a woman works in an office or factory where most employees are male, and who insist on displaying large posters of naked women that she finds offensive. As a result, she dislikes being at work and may even decide to leave. In an obvious sense, she is being harmed by the apparently self-regarding behaviour of the male employees. Another example is provided by so-called 'hate speech' – vicious remarks directed in public at members of ethnic or religious minorities, which may drive them away from schools, colleges, or workplaces, or at least make them feel very uncomfortable about being there. Again it seems that behaviour that is immediately simply offensive may indirectly cause harm, so we have a choice: either we can expand our idea of harm to include these cases, in which case the sphere of self-regarding actions will shrink, or we stick to the original idea that only behaviour that is directly harmful can be interfered with, and say that people should be left free to express themselves even when other people find the form of expression deeply offensive.

Three things are particularly worth noting about the examples we have just considered. First, it is not just a matter of personal idiosyncrasy that the behaviour is found offensive. Whatever we think ourselves about nude posters, we should be able to understand why many women find them offensive. It is very different from, say, objecting to someone pinning a David Beckham poster over their desk because you support a rival football team. Second, the offence is not avoidable except by a large change in the victim's behaviour, for instance giving up the job or leaving the college. This contrasts with the case where I am offended by the posters on the walls of my neighbour's living room – which I can avoid by keeping out of his house – or by the opinions expressed in a racist newspaper, which I need not buy. Third, the offensive behaviour itself has little or no positive value to set against the distress that it causes: it is not an essential part of anyone's idea of the good life that they must be able to gaze at naked women while they work or that they should shout abuse at blacks or Muslims. (I don't deny that a few people may want, quite badly, to do these things; the question is, what is lost if they are prevented?) Although freedom of expression is important, not all expression should count for the same. It is very important that people should be able to worship freely, engage in political debate, express themselves artistically, and so on; very unimportant that they should be able to display posters at work or shout crude racist slogans.

So instead of Mill's simple principle – that self-regarding behaviour may never be interfered with – we may find that we need to make more complex judgements, weighing the value of different kinds of behaviour against the costs they may impose on others, and the ease with which those costs could be avoided.

I turn now to a different problem for Mill's principle: forms of behaviour that have no immediate effect on anyone but the person herself may still have long-term consequences for other people because they make that person less able to contribute to society, or create costs that others have to pay. For instance, someone who becomes an alcoholic may be unable to hold a steady job; someone who smokes heavily, even if only in their own home, increases their chance of getting cancer or heart disease, and therefore of needing medical treatment at public expense. The question, therefore, is whether we should count these activities as purely self-regarding, and entitled to protection in the name of individual freedom.

Mill considered the example of alcoholism and argued that drinking ceased to be purely self-regarding in two cases: when the person involved had taken on a job or a commitment that could not be performed properly under the influence of alcohol, and when the person was liable to engage in acts of violence while drunk. But if the effect of drinking was simply to render the person less able to make a social contribution than he otherwise might, society had no right to prevent it. Children could be taught about their social responsibilities and warned about the dangers of alcohol and so forth. But for adults, preserving freedom was of paramount importance even if society as a whole suffered as a result.

One reason why we may hesitate to follow Mill here is that the state has taken on a far wider range of responsibilities to its citizens since the time that he wrote, and so it has to cover the costs incurred by much more apparently self-regarding activity. When Mill wrote *On Liberty* there was no public health service, no national system of education or of income support for the poor, no public housing, and so on. To a very large extent, those who damaged their health or made themselves unfit for work had to bear the costs themselves, or had to apply to local charities, who were entitled to impose conditions on those they supported. The question is whether Mill's principle still makes sense against the background of a welfare state, funded by taxation, that is committed to providing everyone with a minimum level of income, education, health care, and housing. In this context, should people have enforceable social responsibilities both to contribute and to avoid becoming unnecessarily dependent on welfare services?

This is one of the most controversial issues in politics today, and one reason that we may find ourselves eventually agreeing with Mill is that there seems no obvious stopping place once we abandon his principle of liberty. For instance, should the state require people to eat a healthy diet? Should it force them to take regular exercise? Should it prevent them from engaging in dangerous sports? Any of these measures would significantly cut the cost of public health care, but we may none the less think that they involve an intolerable degree of intrusion in private life. In which case, we may conclude that the state can legitimately require participants to insure themselves when they go mountaineering or engage in extreme sports; and that it has an important role to play in *educating* people, including adults, about the risks that they run when they smoke, drink, eat fatty foods, spend most of their leisure hours sprawled in front of television, and so on, but it should none the less not *prevent* them doing these things. As Mill put it, 'the inconvenience is one which society can afford to bear, for the sake of the greater good of human freedom'.

Mill's defence of liberty against the state involved demarcating a sphere of private activity within which people should have complete freedom to do as they liked. We have examined some problems with this approach, and we will encounter some more in Chapter 6 when we look at feminist arguments against the idea of a protected private sphere. So now I want to explore a different way of restricting what the state may do in the name of individual freedom.

9. John Stuart Mill, utilitarian, feminist, and defender of liberty.

This is the idea that every person has a set of *human rights* that governments must never infringe.

The idea of human rights has grown steadily in influence since the United Nations endorsed, in 1948, the Universal Declaration of Human Rights, which set out a long list of rights that all the signatory states undertook to respect in the case of their own citizens. But the concept itself can be traced back much further, to the idea of natural rights that played a central role in the earlier stages of liberal political philosophy. John Locke, for instance, claimed that all *men* at least (whether his exclusion of women was deliberate is controversial) had natural rights to life, liberty, and property, and when governments were established by social contract, they undertook to protect these rights as a condition of their having political authority. The Universal Declaration's list of rights is much more extensive, and besides rights that directly protect liberty – such as rights to freedom of movement, freedom of worship, and freedom to marry – it includes others whose effect is to provide people with access to material benefits, such as the right to work, the right to an adequate standard of living, and the right to education. Nevertheless, in the light of our analysis of freedom earlier in the chapter, these rights too can be seen as ways of protecting individuals' freedom, by ensuring that options are available to them that might otherwise be closed off by lack of material resources.

The human rights perspective does not involve asking whether certain human activities are potentially harmful to *others*. Instead it looks at the person herself and asks whether we can identify certain conditions without which no one can lead a decent human life. It tries to be neutral over the question what the best kind of life is for human beings – it does not say whether it is more valuable to be a religious believer, a political activist, an artist, a farmer, or a housewife – but it claims that all of these ways of living require conditions that human rights protect. Some of these conditions are plainly uncontroversial: no one can live a decent life without the freedom to think, communicate, and move about, without having adequate food and shelter, without having the chance to form personal and professional relationships with other people, and so forth. But other items that appear on standard lists of human rights, including the original UN Declaration, are more problematic. They may be rights that we would like to see implemented in the societies we belong to, especially if we are liberals, but we might wonder whether they are really essential to human life in all its forms.

Let us consider a couple of examples: first, the right to freedom of 'thought, conscience and religion', which the UN Declaration interprets broadly to include the freedom to change one's religion and the freedom to practise any religion in public or in private. Since religious belief and practice are pervasive features of human existence, we may agree that everyone should have the opportunity to worship, to read religious texts, and so forth. But should they be able to choose which religion to practise without restriction? Should they be able to proselytize (to try to convert people who adhere to a different religion)? Must the state treat all religions equally or is it permitted to privilege one as the national religion? In liberal societies the right we are considering is often interpreted strongly, as requiring a positive answer to all these questions. Yet elsewhere a much more limited right is recognized, and it would be hard to prove that human life in those societies is therefore less than decent.

Second, the UN Declaration includes a strong right of political participation. Everyone, it says, has a right to take part in the government of his country, and it goes on to say that this entails regular elections, universal and equal suffrage, and the secret ballot or its equivalent. Once again this is a right that liberals will applaud, and as we saw in the last chapter there are good reasons for wanting those who wield power to be democratically accountable to the people as a whole. But if we are talking about human rights, the question we must ask is whether such a right is really an essential component of a decent human life. For millennia human societies have existed in the absence of such democratic rights, and although by our standards all of them were imperfect, it would be hard to claim that they uniformly failed to provide tolerable conditions of life for their members.

In other words, we need to divide human rights, as they are conventionally understood, into two categories. There is a fairly short list of rights that we can say with some confidence are essential for human beings to possess, no matter how in particular they choose to live their lives. Deprived of these rights, their lives will be cramped, stunted, less than fully human. There is also a longer list of rights that we believe every citizen is entitled to enjoy, and that lay down parameters for a well-governed society. However, there may be different versions of this longer list, depending on who is compiling it. The version favoured by liberal societies may be different from the one preferred by societies with different cultural backgrounds, for example Islamic societies, or East Asian societies with Confucian or Buddhist traditions. So we might conclude that those rights that appear only on one of the longer lists and not on the shorter list should not strictly speaking be called human rights. When the French revolutionaries framed their statement of principle in 1789 they called it *The Declaration of the Rights of Man and of the Citizen*. Taking our cue from them, we might call the rights that belong on the longer list rights of citizenship, meaning by that that these rights ought to be recognized as basic protections for the individual *within our political community* – while in other communities a different set of rights, overlapping with but not identical with ours, should prevail.

I began this chapter by pointing out that the idea of an area of individual freedom into which government must in no circumstances intrude has become deeply ingrained in liberal societies. What we have discovered is that this idea is actually quite problematic. Once we began to investigate what freedom really means, we saw that in many cases it cannot be enjoyed without positive action on the part of government, providing the resources that keep options open, and the conditions under which people can make free and informed choices. We also found that there was no simple way of defining a sphere of 'self-regarding' activity which was of no concern to anyone beyond the individual inside it. And finally we have found that using human rights as a way of setting absolute standards for governments to observe can only work if the list of human rights is kept short and basic. The longer list of citizenship rights will legitimately vary from society to society, and that means that it is a proper subject for political debate. Rights that at one time seemed essential may later prove to be socially harmful (the Founding Fathers of America wanted to ensure that a citizen militia could always be raised to defend the country, and so the Second Amendment to the Constitution gives every American citizen the right to bear arms – a right that now prevents legislators from introducing any effective measures to control the spread of handguns).

Freedom, then, is a very important political value, but not of such importance that it should set absolute limits to the exercise of political authority. In a democracy, especially, questions about the use of resources to promote freedom, about freedom and social responsibility, and about the rights that all citizens should enjoy, will be openly debated, and in answering them people will appeal to many different principles – to equality, to fairness, to the common good, to respect for nature, to the protection of culture, and so forth. As these debates proceed, certain freedoms will be picked out and enshrined as basic rights, perhaps in a written constitution. But this is never the final word: as societies change, as new needs and new problems arise, so too will the shape of freedom itself. Who could have imagined, even 20 years ago, that internet access, electronic surveillance, or gene ownership would very soon assume centre stage in debates about individual liberty? Who can predict which new issues will have taken their place in 20 years' time?

Chapter 5
Justice

Lorenzetti's *Allegory of Good and Bad Government* has no place for the figure of Liberty, for reasons that we saw in the previous chapter, but Justice appears not just once but twice. She is one of the virtuous figures ranged alongside the good ruler, but she also appears separately, at the very heart of the fresco, a majestic figure seated alone between the two groups of figures representing good and bad government respectively. Why did Lorenzetti paint Justice twice? I think he wanted to convey the idea that justice is more than simply a virtue that rulers should possess: it is fundamental to the institutions that turn a mass of individuals into a political community in the first place. Lorenzetti's main figure holds a pair of scales, and from each of these a rope descends to the figure of Concord, who braids them into a thicker cord that then passes round the long line of citizens and up to the hand of the ruler. Justice, Lorenzetti is implying, binds the citizens one to another, and then all of them together to government. In this, he was following in a long-standing tradition which viewed justice as central to the justification of political authority. As St Augustine had asked, nearly a millennium earlier, 'justice removed, then, what are kingdoms but great bands of robbers?'

Saying that justice is of cardinal importance to good government is one thing; saying what justice really means is quite another, and this is the question that will occupy us throughout this chapter. One

10. Justice from *The Allegory of Good and Bad Government* by Ambrogio Lorenzetti.

thing we can be certain of is that the answer will not be simple. Lorenzetti's figure tells us that. One scale holds an angel representing Distributive Justice, and she is simultaneously severing the head of an evil-doer with a sword and placing a crown on the head of a meritorious recipient. The other scale supports Commutative Justice, and she appears to be conducting an exchange between two tradesmen, presumably ensuring that the metalworker's spear and the weaver's bale of cloth are of equal value.

Justice, then, has something to do with punishment and reward, and something to do with equality, but how should we define it? A very old definition, offered by the Roman Emperor Justinian, states that 'justice is the constant and perpetual will to render to each his due'. Taken by itself, this may not seem very informative, but it does at least point us in the right direction. First, it emphasizes that justice is a matter of each individual person being treated in the right way; it is not a matter of whether society in general is prosperous or poor, culturally rich or culturally barren, and so forth. This is not to say that the idea of justice for *groups* can be dismissed out of hand – and we shall be looking at it more closely in the following chapter – but the primary concern of justice is with how individuals are treated. Second, the 'constant and perpetual will' part of the definition reminds us that a central aspect of justice is that people must be treated in a non-arbitrary way: there must be consistency in how one person is treated over time, and there must also be consistency *between* people, so that if my friend and I have the same qualities, or have behaved in the same way, we should receive the same benefits, or the same punishment, depending on the circumstances.

The fact that justice requires consistency in treatment explains why acting justly is so often a matter of following *rules* or applying *laws*, since these guarantee consistency by laying down what is to be done in specified circumstances. But consistency alone is not enough for justice, as we can see if we imagine a rule that required all red-haired people to be put to death, or all those whose names begin with a 'D' to be paid at twice the normal rate. What these examples bring out is that justice requires *relevance*; if people are going to be treated differently from one another, it must be on grounds that are relevant to the treatment in question. This also implies that where there are no relevant grounds on which to discriminate, justice requires equality: everyone should be treated in the same way. How far equal treatment is required in practice remains to be seen, but we now have a second element of justice to set beside simple consistency: justice demands that people should be treated equally unless there are relevant reasons for treating them differently.

We can also add a third core element: the idea of proportion. This tells us that when people are treated differently for relevant reasons, the treatment they receive should be proportionate to whatever they have done, or whatever feature they have, that justifies the inequality. Many people believe, for instance, that if people work hard at their jobs that is a relevant reason for paying them more. But, for justice, there must also be proportionality: if Smith works twice as productively as Jones, he should be paid twice as much as Jones, but not ten times as much.

We have squeezed a fair amount of information about justice out of Justinian's formula, but we have not yet been able to say exactly what it is that people are owed as a matter of justice, nor on what grounds, if any, we are justified in treating them differently. And in fact there are no easy answers to these questions. This is partly because people frequently disagree with each other about what justice requires, in concrete terms, but also because the answer that anyone will give will depend to a great extent on who is doing the treating, what treatment is being given, and in what circumstances. To a very large extent, our ideas of justice are *contextual*, meaning that before we can decide whether a rule or a decision is fair we have to know a good deal about the situation in which it is being applied. Let me illustrate.

Suppose that I have been given £100 to allocate between five people who are now standing in front of me asking for their share of the money. What does justice tell me to do? So far, very little: it tells me that I should treat them consistently, that if I treat them differently this should be for relevant reasons, and that my allocations should be proportionate. Now let us fill in the context in different ways and see what allocations suggest themselves. The five people might be my employees, and the £100 might be the bonus they have earned this week, in which case I should consider how much each has contributed to our joint enterprise and reward them proportionately. Alternatively I might be an aid worker who has been given cash to distribute to allow starving people to buy food, in which case I should try to estimate what the relative needs of the five are and give more to those in greater need. Or again, the £100 might be the prize that has been offered for an essay competition, in which case what justice requires is that I should give it all to the person who has submitted the best piece. Or perhaps the £100 is a small lottery win, and the five people and I are members of a syndicate, in which case, clearly, we should share the sum equally between us.

Most readers, I imagine, will find my proposals about how the sum of money should be allocated in different circumstances more or less self-evident, and what this shows is that, although doing justice is a complex business, we already have a good intuitive grasp of what it involves in practice. Justice is less like a measuring rod than a box of tools: faced with a task – a decision to be reached or a rule to be applied – we know in most cases which tool to pull out and use. What is harder is to express this knowledge in the form of general principles – to create a *theory* of justice. But, as political philosophers, we need to develop a theory, because there are going to be cases in which our intuitions conflict, or perhaps run out altogether. This is particularly the case when we have to think about what *social* justice involves – justice not simply between individuals, but across a whole society. I shall explore this controversial idea later in the chapter. But first we need to explore the general principles of justice that we apply even in simple cases like the one above.

Notice to begin with that justice very often has to do not only with the treatment that people receive but with the procedure that is followed in order to arrive at that outcome. We can see this by thinking about criminal justice. It matters, of course, that guilty people are punished in proportion to their crime and that innocent people go free – that is what a just outcome requires – but it is also important that proper procedures are followed in arriving at a verdict, for instance that both sides are allowed to state their case, that the judge has no vested interest that would make him lean in one direction or the other, and so on. These procedures are important partly because they tend to ensure that the right verdicts are reached, but over and above that they matter because they show a proper respect for the people who are standing trial, who want to have the chance to state their case, to have the same rules applied to them as to other defendants, and so on. Imagine an arbitrary judge who decides each case by consulting tea-leaves, and suppose one day he happens to get all the verdicts right: has justice been done? The defendants would not think so (indeed studies have shown that in such circumstances people care more strongly about having fair procedures applied to them than about the actual outcome of their case) and nor should we.

In some cases, justice is *entirely* a matter of the procedure that is used to reach a decision – there is no independent standard that we can apply to the outcome. For instance if there is a nasty or dangerous job that needs to be done, and no reason why anyone in particular should do it (such as having special skills), we may draw straws to pick someone, and this is a fair procedure because everyone stands an equal chance of being chosen. Or a team may have to choose a captain, and decide this by voting – again a fair procedure because everyone's preference is counted equally. Occasionally procedures such as these have been used to decide bigger issues – for instance, random methods have been used to decide who is to be drafted into the army, or to select people to hold political office – but generally we are reluctant to understand justice in purely procedural terms. We want procedures that produce outcomes that are not merely random but are fair in a more substantial sense.

So what principles do we apply to decide when outcomes are fair? In the light of what was said earlier about the core concept of justice, an obvious candidate is equality – everyone should get the same amount of whatever it is we are allocating. This was the principle we applied in the case of the lottery win, and it applies more generally where there is some benefit to be distributed, or some cost to be borne, and there is nothing relevant that enables us to distinguish between the possible recipients. In these circumstances, there are two reasons favouring equality: the first is simply that any other way of allocating the benefit or the cost is bound to be arbitrary, in the absence of relevant reasons to discriminate, and the other is that we are likely to do more good all round by sharing both benefits and costs equally. Going back to our original case, suppose I know nothing at all about the five people claiming the £100, and I have to decide between giving it all to one person picked at random, and sharing it equally among the five. Procedurally either decision is a fair one, but the second outcome is likely to be better because, other things being equal, the first £20 is worth more to someone than additional increments. Suppose for instance that it turns out that the five people are starving: then if I give one person the whole £100, the other four may die. Of course there are circumstances in which the opposite holds – where you need £100 to stay alive, and £20 is useless. If I knew that, I should pick one person at random, since this at least gives each person a one in five chance of surviving. But cases like that are the exceptions. In general it is better to share benefits equally, and the same applies to costs – by spreading them as widely as possible, we make it less likely that anyone will suffer badly.

One principle of just distribution, therefore, is equality, and some political philosophers have claimed that it is the *only* principle – all justice is a kind of equality. But I believe this confuses the formal principle contained in the very definition of justice – that people should be treated equally unless there are relevant differences between them – with the substantive principle that everyone should actually receive the same amount of benefit or the same amount of cost. Because very often there *are* relevant differences between people. This is quite clear in the case of punishment, for example: no one has ever thought that everyone, innocent or guilty, parking offender or serial killer, should receive the same amount of punishment regardless. And the same applies when benefits are being allocated.

One good reason for not treating people in the same way is that they have different *needs*. No one objects to hungry or sick people being given more resources than people who are well-fed and healthy, at least so long as they have not created their own needs by behaving irresponsibly. However not everyone agrees that this is demanded by justice. There is a long tradition that holds that helping the needy is a matter of charity, which means it is something that people should be encouraged, but not required, to do. Lorenzetti would almost certainly have taken this view. Neither of his Justice figures shows any inclination to give handouts to the poor. That job is reserved for Magnanimity, who sits with a tray of gold coins on her lap to be dispensed when needy people appear. But as the state has come to assume responsibilities that were previously reserved for smaller communities – religious communities, artisans' guilds, and the like – so need has become a major element in the idea of social justice. The state is expected to ensure that each citizen has an income sufficient to cover basic needs for food and clothing, access to adequate medical care, and so forth.

But is it possible to distinguish genuine needs from other demands that people may make in the name of justice? Some critics think of needs as a kind of black hole into which all of a society's resources are likely to disappear if we say that justice requires us to meet them. So what does it mean to be in need? It means to lack something essential, where what is essential is determined partly by the standards of the society to which you belong. Some needs are universal, because they involve bodily capacities that are vitally important to human beings everywhere – people need to take in so many calories per day to be adequately nourished, they need access to clean water if they are not to contract diseases, and so on. But other needs are more variable because they depend on what is expected in the society someone inhabits. Everyone needs to be adequately clothed, but what counts as adequate clothing will vary from place to place. Everyone needs to be mobile – to have the capacity to move from place to place – but the extent of mobility, and the form it takes, will likewise vary. Needs, then, are the set of requirements that must be fulfilled if someone is to live a decent life in the society to which she belongs. They are socially relative, to some degree, but they are not merely subjective, as the critics claim. In economically developed societies, it is quite feasible to meet every citizen's genuine needs and still have ample resources to devote to other purposes – indeed there are sufficient resources in these societies to meet (locally defined) needs everywhere, if the political will existed to do so.

If unequal need is a relevant reason for departing from equality in one direction, unequal desert or merit takes us away from equality in a different direction. Again we must ask, what does it mean to deserve something? It means to have acted in a way that calls for a particular mode of treatment as a response to what you have done. A person deserves favourable treatment – a reward, an income, a prize, etc. – for acting in a way that others regard as admirable in some way, for instance contributing time and effort to a project that brings benefit to others; she deserves unfavourable treatment – blame or punishment – when her actions are deplorable, for instance involve harming other people. The basis on which you deserve varies from case to case, so we cannot say anything more specific about what someone has to do to become deserving.
It is worth, however, underlining the link between desert and

responsibility. What we deserve must depend on actions or performances for which we are responsible, so someone can escape punishment, for example, by showing that he was not responsible for the behaviour that caused the harm – say if he was being forced to act as he did, or if he was deranged. Equally, on the positive side, we cannot claim credit for the results of our actions that we did not intend and could not have anticipated. If I save a stranger's life, I deserve some reward – heartfelt thanks, at least – but if I rudely push him out of my way as I hurry along the street, and as it happens cause an assassin's bullet to miss, I deserve nothing of the sort. Saving his life was no part of my intention, and so I cannot claim responsibility for it.

Desert plays a central role in most people's understanding of justice, but like the need principle it has also come under attack from various quarters. Critics often claim that it can too easily be used to justify large inequalities in income and wealth, and it is certainly true that highly paid people are eager to claim that their contribution to society is such that their salaries are no more than a fitting reward for what they have done. Perhaps, though, this is less a problem with the idea of desert itself than a problem of finding an accurate way of measuring the size of contributions. A more philosophical objection holds that people are never really responsible for their behaviour in the strong sense needed to justify claims about desert. Look behind a person's performance and you find a train of causes that stretches back beyond the person herself. She was born with certain capacities and certain propensities, including propensities to choose to behave in one way rather than another, and had others instilled in her by her family, so any 'credit' for good behaviour or 'blame' for bad behaviour should really be directed to her genes and her parents. This objection to desert raises fundamental questions about personal responsibility that I cannot tackle here, but I think it is worth noticing what a radical step it would be to dispense with the idea altogether. If we were entirely to stop praising and blaming, rewarding and punishing, other people, our social interaction would change in a very basic way – indeed we would hardly be treating them as *people* at all. Once we recognize this, we can see that the real issue is not whether desert should play any part in the way we understand justice, but how large a part it should play. In particular, how far should it be allowed to govern the distribution of material resources like income and wealth?

Need and desert give us two very basic reasons why justice can require us to treat people differently. There are other reasons too, of a less basic kind. For instance people often form legitimate expectations about how they are going to be treated which may have nothing to do with either need or desert, and sometimes justice demands that we should honour these expectations. Promising and contracting are obvious instances of this. Reverting to my original example, it may be the case that I have promised £100 to one of the five people now standing before me, in which case that may be a good enough reason to give him the whole sum. Another set of reasons that may justify special treatment include restitution or compensation. Someone who has unjustly been deprived of a benefit to which they were entitled has a claim to have that benefit restored to them, or failing that, to be compensated by being given something else of equivalent value. (I describe these reasons as less basic because they presuppose that the expectations have been formed in a context that is already substantially just.) Once again we see that doing justice is a complex matter, that what counts as giving someone his or her due is to a large extent contextually determined.

So far I have been looking at justice in general terms, and not specifically at the role played by governments in promoting it. In the remainder of the chapter I want to explore the idea of *social* justice – the idea that we can put in place a set of social and political institutions that will ensure the just distribution of benefits and costs throughout society. This idea first emerged in the late 19th century, and stood at the heart of political debate throughout the 20th. It requires the state to become much more closely involved in distributive issues than was possible for states in earlier periods, even if their members had wished it. It is also a controversial idea: whereas only a few extreme sceptics have attacked the idea of justice as such, social justice has been pilloried, mainly by critics from the libertarian right, who see it as corrosive of personal freedom, and especially of the economic freedom that a market economy requires.

Let us look a little more closely at the attack on social justice. Critics such as the Austrian economist-cum-philosopher Friedrich Hayek argued that there was a fundamental error involved even in talking about social justice in the first place. According to Hayek, justice is fundamentally a property of individual actions: an action is unjust when it violates a general rule that a society has put in place to allow its members to cooperate with one another – so, for instance, theft is unjust because it violates a rule protecting property. But if we look at how resources – money, property, employment opportunities, and so forth – are distributed across a society, we cannot describe this distribution as either just or unjust, since it results not from the actions or decisions of a single agent, but from the actions and decisions of millions of separate people, none of whom intended to create this or any other distributive outcome in particular.

Hayek is certainly right to point out that 'social distribution' cannot be attributed to any single distributing agency, given the complexity of any society in the contemporary world. But what he overlooks is that the distributive pattern that we observe around us does, in its general outline, depend upon the institutions we have created, consciously or unconsciously – for instance the prevailing rules governing property and contracts, the system of taxation, the level of public expenditure on health care, education, and housing, employment policies, and so on. These are all institutions that can be changed by political decision, and so if we leave things as they are that is equivalent to a decision to accept the existing distribution of resources. Moreover we can understand, again in general outline if not in precise detail, what the effect of a proposed institutional change would be. To that extent, the distribution of resources across society – who gets which benefits, how wide the spread of incomes will be, etc. – is something that, in a democracy, is under our collective control. It is a perfectly reasonable, therefore, to ask what a fair distribution of social resources would look like – to ask what social justice would require us to do.

This is not to say, however, that social justice is something that we ought to pursue. Hayek's second claim is that, in attempting to make the distribution of resources match up to our favoured principle of distributive justice, we would destroy economic freedom and thereby kill the goose that lays the golden eggs. Let us assume Hayek is right when he claims that a market economy is the most effective way of organizing production and exchange, and that any alternative would involve an intolerable reduction in living standards in economically developed societies. The question is whether pursuing social justice means turning your back on the market economy, or whether it is possible to pursue that aim *through* a market economy, albeit one that has been shaped in the right way, and has other institutions working alongside it.

Here we need to look at different ways of interpreting the idea of social justice. The most radical version, embraced by Marxists and some of the communitarian anarchists we encountered in Chapter 2, reduces social justice to the principles of equality and need. A just society, on this view, is one in which each member contributes to the best of his or her ability, but resources are distributed according to need, with any surplus being shared equally. There is no room here for the idea that people need incentives, or deserve material rewards for making their contribution. Could such a society exist? On a small scale it undoubtedly could. We have many examples of communities whose members practised social justice in this radical form among themselves. Most of these communities had a religious basis, and depended on religious authority to sustain the ethos whereby each member worked for the common good of the community without expecting any personal reward, but there are also instances – most notably the kibbutzim in Israel – of secular communities achieving the same goal. These communities dispensed with the market, at least internally. They relied on what are sometimes called 'moral incentives' – people contributing either because they simply believe that they should, or because they feel the eyes of their neighbours upon them.

The question is whether a large society could practise social justice in this form. It seems that the informal coordination of people's behaviour that can occur in a small community cannot happen here – the economy must either be market-based, giving people incentives to produce the resources that other people want to consume, or state-directed, with a central authority planning what is to be produced and directing individuals according to the plan. Although in theory one can imagine both market and centrally planned economies that do not rely on material incentives, in practice this has proved impossible to achieve (attempts were made in the mid-20th century by some Communist regimes to replace material by moral incentives, but in no case was the experiment successful). Pursuing social justice in its radical form does seem to require dispensing with the market and reconstructing society on a quite different, communitarian basis.

There is, however, a less radical view of social justice which has been embraced by many democratic socialists, and also by many contemporary liberals. On this view, social justice requires the equal distribution of some social benefits – especially equal rights of citizenship such as voting and freedom of speech. It requires some benefits to be distributed on the basis of need, so that everyone is guaranteed an adequate income, access to housing and health care, and so forth. But it also allows other resources to be distributed unequally, so long as there is equal opportunity for people to try to acquire a larger share. These inequalities may be justified on grounds of desert, or on the grounds that by giving people material incentives to work hard and produce goods and services that other people want, everyone in society benefits.

11. John Rawls, author of the hugely influential *A Theory of Justice*.

Perhaps the most influential interpretation of social justice of this kind is the one developed by John Rawls, who in his book *A Theory of Justice* argued that a just society must fulfil three conditions. First, it must give each member the most extensive set of basic liberties (including political liberties like the right to vote) that is consistent with the same liberty for everyone else. Second, social positions carrying greater advantages – higher paying jobs, for instance – must be open to everyone on the basis of equality of opportunity. Third, inequalities of income and wealth are justified when they can be shown to work to the benefit of the least advantaged members of society – in other words when they provide incentives that raise the society's overall productivity, and therefore allow more resources to be channelled to those at the bottom of the heap.

Rawls's theory of social justice explicitly makes room for a market economy: his third principle is formulated so as to allow for the possibility that people may need to keep at least part of the gain that they can make through producing goods and services for the market if they are going to be sufficiently motivated to work hard and use their talents in the most productive way. This undermines Hayek's claim that social justice and market freedom are conflicting goals. On the other hand, a market economy governed by Rawlsian principles would look quite different from the economic systems that exist in most liberal democracies today.

To begin with, Rawls's idea of equality of opportunity is quite radical. It is not enough that positions of advantage should be given to those who, at the moment of selection, can be shown to be better qualified to hold them. It must also be true that applicants have had an equal opportunity to become qualified, which means that, from the moment of birth on, people of equal talent and equal motivation should have been given the same chances, in school and elsewhere. Clearly this condition is very far from being realized in any existing society. Furthermore, Rawls's third principle, usually called 'the difference principle', permits inequalities only when they can be shown to benefit the worst off. In practice this would mean that governments should set tax rates so that benefits were continually redistributed from rich to poor, up to the point at which the productivity of the better off begins to decline and the tax yield therefore decreases. Although most democratic states have tax regimes that are somewhat redistributive, they all fall far short of this requirement. Taxes are set in such a way that an adequate level of welfare services is provided for all citizens, but no government attempts, as a former Labour Chancellor, Denis Healey, was reported to have proposed, to 'squeeze the rich until the pips squeak'.

My own view is that a theory of social justice should retain Rawls's first two principles – equal liberty and equality of opportunity – but replace the difference principle with two others. The first is that of a guaranteed social minimum, understood in terms of the set of needs that must be met to give every citizen a decent life; as I indicated earlier, this minimum is not fixed, but changes between societies and over time. The second is a principle of desert: inequalities of income and wealth should be proportional to the relative contributions different people make, measured by their success in producing goods and services that other people need and want. Like Rawls's theory, these principles do not entail getting rid of the market economy, but they do require the state to maintain an extensive welfare system, and to adjust the legal framework within which the market functions so that there is as close a link as possible between what people contribute economically and what they receive by way of income. This would require some big changes to the way that capitalist economies currently operate, since existing rules of property ownership and inheritance allow people to reap large rewards by virtue of luck, inherited wealth, corporate position, and so forth – factors that are unrelated to their contribution to society. Indeed the pursuit of social justice may point us towards a form of market socialism in which economic enterprises are owned and controlled by those who work in them, rather than by outside shareholders, so that profits can be shared among the actual producers. This is not the communist utopia favoured by Marx and other radical socialists, since it allows harder working and more talented individuals to reap the fruits of their labour, but it still takes us far beyond the political agenda of the present day, at least so far as the liberal democracies are concerned.

Like democracy, social justice is an unfinished project. The political philosopher's job is to tell us, in outline, what a just society would look like, without either building castles in the air, or over-adapting to the political realities of the moment. Many now believe that the quest for social justice has been stalled by global developments which reduce the power of any state to regulate the market economy as justice demands. I shall return to this question in the final chapter of the book. But first I want to turn to a different challenge to justice as it has traditionally been understood – the challenge posed by feminists and multiculturalists.

Chapter 6
Feminism and multiculturalism

In Western democracies today, debates about the position of women and minority cultural groups command a great deal of political attention. Feminists and multiculturalists often claim that the issues that concern them – issues about the nature of personal identity, about whether it is possible to draw a line between public and private life, about respect for cultural difference – have displaced the questions about authority, democracy, freedom, and justice that I have been examining in previous chapters. Indeed, the very nature of politics itself has changed: it now has less to do with what happens in the institutions of government, and more to do with what happens between individuals – men and women, whites and blacks, Christians and Muslims – in their everyday interactions. Political philosophy, therefore, needs to be rewritten with an entirely new focus.

I believe such claims are exaggerated, and in this chapter I shall try to explain why. The issues raised by feminists and multiculturalists are certainly very important, and should shift the way we think about politics. But they should not displace the older questions, which remain as urgent as they ever were. Instead they give these questions a new dimension. My aim here is to explore how far feminist and multiculturalist arguments should make us think differently about political authority, democracy, freedom and its limits, and justice.

One way to keep perspective is to ask about the circumstances under which feminism and multiculturalism have moved to the centre of political debate. Or, to turn the question round, why was it that for many centuries the relations between men and women, and the position of minority cultural groups, were routinely ignored in treatises of political thought? It is tempting to see this either as some kind of gigantic oversight, or else to argue that dominant groups in society kept such issues off the agenda. It is certainly true, to take the case of feminism, that political philosophy in the past was written by men who took it for granted that the subordination of women to men was a natural fact, that women had no active part to play in political life, and so on (there were occasional exceptions – John Stuart Mill was one – but these were few and far between). But they took it for granted mainly because nobody was arguing the opposite case. Although with hindsight we can take them to task for their chauvinism – and many books have been written in this vein – it is both more useful and in a way more honest to ask what it is about own society that makes us take feminist and multiculturalist arguments so seriously. How can we see things that our predecessors so notoriously failed to see – for instance, that there is absolutely no reason why women should not enjoy the same set of career opportunities as men?

The answer, I believe, is that we live in societies that are founded on commitments to freedom and equality, but that have failed so far to live up to these commitments in the case of women and people from minority cultures. It is one of our deepest beliefs that each person should be able to live life in the way that he or she chooses, subject to certain limits that we explored in Chapter 4; it is another deep belief that each person is entitled to be treated as an equal, either by being given equal rights, or by being given equal opportunities. Given these beliefs, it becomes a matter of great political concern if one section of society enjoys only a smaller area of personal freedom, or receives less than equal treatment at the hands of existing social and political institutions. So, for instance, when women are denied the option available to men of harmoniously combining a career with family life, or when members of ethnic minorities have fewer opportunities in the job market than others, this means that they are not being treated as fully free and equal members of their society. It is tempting sometimes to complain that feminists, especially, are arguing on behalf of the already privileged. We read about a woman employed in a top city institution bringing a court case because her share options are worth so many millions less than those of her male colleagues, and we think that by any reasonable comparative standards she is already doing extremely well. This reaction is right in one way but wrong in another. It ignores the experience of being discriminated against in a society that is committed to equal treatment, which entails being devalued as a person despite one's comfortable lifestyle.

Feminists argue for ways of transforming society so that women enjoy full, not merely nominal or partial, freedom and equality. Multiculturalists advance similar claims on the part of ethnic, religious, and other groups whose members are discriminated against or whose culture is undervalued by the dominant majority. Each position comes in different versions, but rather than trawl mechanically through these I want to explore the general challenge that feminism and multiculturalism pose to the ideas laid out in earlier chapters.

Let us begin with the issue of political power and political authority. In Chapter 2 I treated this as a question about the authority of the *state* – in other words I assumed that at least in modern societies when we ask about the form that political authority should take, we are asking about how the state should be constituted. But many feminists have challenged this way of understanding politics. They have argued that it is problematic, if not impossible, to draw a line between the public sphere, where people engage in political relationships with one another, and the private sphere, where relationships are non-political. In other words they see politics as a much more pervasive phenomenon, one that touches every aspect of our lives. This challenge is summed up in the slogan 'the personal is political'. And it follows that if we are going to talk about political authority, we have to talk not only about the authority wielded by states over their subjects, but also about the authority wielded by men over women.

What gives bite to this challenge is the undoubted fact that men, not only in the past but also to some extent today, have exercised power over women. They have done so partly by keeping them economically dependent – in order to survive women have had to rely on male breadwinners – partly by promulgating ideas about women's proper role in life that women themselves have come to accept, and partly by sheer physical force – the threat of violence if male commands are disobeyed. These are general claims about relations between the sexes, and it is not being suggested that every individual man has used all three means to keep women in check – for one thing women have often found ways to fight back – but they do none the less point to a kind of power that has usually remained invisible in political philosophy. When political philosophers like Hobbes write about power struggles and how to control them, they are thinking about relationships between men – it is as though the issue of relations between the sexes had already been resolved.

However, it does not necessarily follow that we should now begin thinking of these relations as political. Although politics is about power – about who should have it, how it should be controlled – not every power relationship is a political one. Take some familiar examples – the power of a teacher over his pupils, the power of an employer over her workers, the power of a general over his soldiers. In each case the first party can get the second party to behave in ways that he or she wants, partly through exercising authority that is voluntarily accepted, partly through being able to threaten certain consequences – detention, the sack, a court martial – if instructions are not obeyed. So why are these relationships not political ones? We need to think about what makes politics a distinctive part of human life. First, although it involves making and enforcing decisions, it involves making them in a certain way –

12. The price of women's liberation: the suffragette Emmeline Pankhurst arrested outside Buckingham Palace, 1914.

giving different voices and different interests a chance to make themselves heard. It is not necessarily democratic – there can be politics in royal courts – and it is not necessarily morally pure – threats and bargaining come into it, as well as discussion and argument. But where a dictator can impose his will without needing to listen to any other voices or consult interested parties, there is no politics. Second, political authority potentially touches upon every aspect of human life. Although we can and should set limits to it – we ought to mark out spheres of personal freedom where political decisions cease to intrude, as we saw in Chapter 4 – the very act of marking out these spheres is a political act. And politics is also the means whereby we determine what powers individual people in different walks of life should be able to wield. It is a matter for political decision how far a teacher's authority over her pupils should extend, what the respective rights and obligations of employers and workers should be, what generals should and should not be allowed to do in the course of managing an army.

If politics has these distinctive features, then we can put the feminist challenge to political authority in a different form. What feminists are pointing out about relationships between men and women is not so much their inherently political nature as the *failure of politics* to address them. Political authority, in the form in which it has been constituted up to now, has not set adequate parameters for the peculiarly intimate relations that exist between the sexes. It has failed in a number of ways: it has not given women adequate physical security, especially protection against domestic violence, it has not ensured that women enjoy equal rights with men in a number of important areas of life, and it has not provided women with sufficient personal freedom (I shall be looking in a moment at what this means). It is these political failures that have allowed men to exercise power over women in their personal lives, and one obvious reason is that women have for centuries been almost entirely excluded from politics in the conventional sense.

This leads us directly to the feminist and multiculturalist critiques of democracy as it is currently practised, but before examining those I want to look more closely at the issue of freedom. As we saw in Chapter 4, freedom is usually understood in terms of a protected sphere of action in which each person has the opportunity and means to decide how to live his or her own life. Feminists – and similar arguments have been voiced by multiculturalists – have challenged this idea in two ways. First, they have argued that women are in reality much less free in the private sphere than political philosophers usually assume. Second, they have argued that behaviour that might appear to be purely 'self-regarding', to use Mill's phrase, can in fact have damaging effects on women's interests.

Freedom, we saw, involves having a range of options open to one, but also having the capacity to choose between them. In the past, the options open to the great majority of women were clearly very limited. They had little choice but to marry, rear children, and work either within the household or in a limited number of occupations closely connected to it. The 20th century saw a dramatic change in this external aspect of women's freedom. Not only were almost all occupations at least formally opened up to women, but there were now genuine choices to be made in the sphere of personal relations – whether to marry, whether to engage in heterosexual relationships at all, whether to have children, and so forth. This is not to say that they enjoyed *equal* freedom with men in all these respects, because freedom, as again we saw, is also a matter of the costs that are attached to different courses of action, and very often women had to bear extra costs when, for example, they decided to combine a career with raising children. The harder issue, however, has to do with the internal aspect of freedom – the capacity to choose.

Feminists have argued that women remain in thrall to long-established cultural norms in their society even where they are no longer physically compelled to conform to them. These norms have to do especially with how women should look, how they should behave, what kind of relationship they should establish with men, and so on. These norms become embedded in a woman's psyche at an early stage in life, and are very difficult to challenge later on. Women obviously do make real choices in many areas of life – in occupation, religion, lifestyle in a broad sense – but nearly always within bounds set by prevailing ideas of femininity. And this may lead to damaging outcomes – for instance an obsession with physical appearance may lead to anorexia among teenage girls, beliefs about the domestic roles of men and women may lead women to submit to a monstrously unfair division of domestic chores, and so forth.

What makes this issue so hard to tackle is that it becomes entangled with another question that feminists themselves disagree about: whether men and women have essentially a common nature, or whether there are deep differences between them which mean that there will always be contrasts in the way that men and women prefer to lead their lives. If the latter is true, then we should not be too quick to assume that when women choose to follow certain cultural norms, these choices are inauthentic. This does not mean that we have to accept the norms that lead teenage girls to starve themselves, for instance. But it is at least possible that it is ingrained in women's nature to be more concerned about their physical appearance than men, in which case it is not detrimental to their freedom that the choices they make in this part of life display a different pattern from the choices made by men.

How can we decide whether observed male–female differences in choice are merely the result of cultural norms that could be changed, or whether they reflect differences that are hard-wired into the sexes? This is such a complex issue that the wisest course may be to follow John Stuart Mill and remain agnostic. As Mill wrote in *The Subjection of Women* (one of the very few examples of feminist political philosophy before the 20th century):

> I deny that anyone knows, or can know, the nature of the two sexes, as long as they have only been seen in their present relation to one another. If men had ever been found in society without women, or women without men, or if there had been a society of men and women in which the women were not under the control of the men, something might have been positively known about the mental and moral differences which may be inherent in the nature of each.

Since we lack this evidence, we have good reason to ensure that the external conditions of freedom are the same for men and women – that the options they have available to them, and the costs they will incur if they take them up, are the same. Whether beyond this we must also try to break the hold of prevailing cultural norms about how men and women, respectively, should behave, or whether instead we should try to ensure that traditionally female norms are valued as highly as traditionally male norms – this, as I say, remains a matter of intense dispute among feminists themselves.

Cultural minorities – groups whose religious or ethnic identity is different from that of the majority in their society – also face barriers to personal freedom. Even though, in modern liberal societies, they have the same formal set of educational and career opportunities as members of the majority, there are often special costs attached to pursuing these options. For instance, jobs may be specified in such a way that people from minority groups have difficulty in complying with the specifications – there may be dress requirements that conflict with religious or traditional dress codes, the working week may be organized in such a way as to be incompatible with religious practices, say if people are required to work on the day that is prescribed as the Sabbath, and so on. Multiculturalists argue that opportunities must be made equal in a more than formal sense. The problem here is that the costs themselves may appear to be matters of choice. If, for religious reasons, I choose not to eat pork, say, then clearly that is not a limitation on my freedom: the restriction is self-imposed. So how is it different if, because I insist on wearing a certain style of dress, many employers won't offer me a job? I could choose not to dress in that way.

To tackle this problem, we need to decide whether a dress code, or indeed any other type of job specification, is one that is essential to the job we are considering. In some instances, dress requirements may be imposed for safety reasons. In other cases aesthetic questions may be involved – actors and dancers, for instance, have to be prepared to wear the gear that the production designer has chosen. But if the code is not much more than conventional, then cultural minorities can claim with justification that unless it is abandoned or relaxed their freedom of occupational choice has been limited. (Of course they must also demonstrate that their own dress requirement has deep cultural roots, so that breaching it would be costly for the individuals in question.)

We see, then, how feminist and multiculturalist challenges may force us to revise, not the idea of freedom itself, but our understanding of the conditions under which people are genuinely free to choose their path in life. The same applies when we look at the limits of that freedom. In Chapter 4 I gave examples of how behaviour that might appear to be merely offensive to other people, and therefore not 'other-regarding' according to Mill's definition, might become more than that if the people affected by it were forced to change their own behaviour as a result. Feminists and multiculturalists may want to push this argument further. They would claim, for example, that the way women and cultural minorities are portrayed, especially in the popular media, can have major repercussions for the way they are treated generally. If women are represented as sex objects, for instance, or blacks are portrayed as criminals or drug-dealers, then this will affect, perhaps unconsciously, the behaviour of people who are hiring for jobs, or deciding promotions. The implication is that freedom of expression should be more limited than we had previously thought. Expression that is damaging to the interests of vulnerable groups should be prevented. Some feminists have for this reason called for pornography to be banned; representatives of religious minorities have argued for blasphemy laws that prohibit derogatory statements about their religions, as some Muslims did after Salman Rushdie published his book *The Satanic Verses*.

These claims pose problems for societies that are strongly committed to individual freedom. After all isn't freedom valuable precisely because it allows people to challenge conventions, to shock and outrage, and in that way get other people to question their existing beliefs? How can we salute expression or behaviour that offends one group of people, and then turn round and try to ban expression or behaviour that offends another group? Because the line between forms of expression that are liberating despite being offensive to some and forms of expression that are merely offensive is difficult to draw, we may conclude that the law is a blunt instrument in this area – that in general people should be left to judge for themselves which expression is acceptable and which is not, with exceptions only for extreme cases, such as racist speech in public places. This does not exclude public debate about these issues, which can make people more aware about what others with different cultural backgrounds find offensive or insulting. In a multicultural society widespread respect for the cultural values of other groups is an important good. At the same time it is important not to succumb to debilitating political correctness. Where cultures contain elements that are hostile to freedom and equality – especially freedom and equality for women – we should not hesitate to say so forcefully, even if this means giving offence.

I now turn to the question of democracy. In societies with universal suffrage, a major issue for both feminists and multiculturalists has been the relative absence of women and representatives of cultural minorities from legislative assemblies. Why should this matter? It is argued on the other side that representatives are elected by all of their constituents, and are answerable to them, so even if there are few women and minority members actually present, their interests and concerns will still be channelled through the (white) men who

13. Muslims burn *The Satanic Verses* in Bradford, UK, 1989.

represent them. It is mechanisms of accountability that matter, in other words, not who actually gets chosen to sit in Parliament or Congress.

This reply overlooks the fact that, in democracies as they presently exist, elected representatives have a great deal of freedom to decide issues on which their constituents have never been given the chance to pronounce. In Chapter 3 I discussed ways of deepening democracy, of involving the people more fully in the making of decisions, and if that were to happen it might indeed matter less who was chosen to represent them. But now it matters a good deal, and the argument for increasing women's and minority representation is that there are important issues on which it is very hard for those who do not belong to these groups to understand fully the perspectives and interests of those who do. So, for example, if a question about religious practice comes to Parliament or Congress, say in relation to a case of job discrimination, it is important that there should be people present who can explain the meaning of the practice, its centrality or otherwise to the life of the group in question, and so on. The same applies when an issue of specific concern to women arises, for instance an issue about maternity leave or childcare.

It is not essential that representation should be strictly proportional to numbers in the population. What is important is that each significant perspective be adequately represented in the legislative body. This follows from my earlier description of democracy as a system of reaching political decisions by open discussion among all those involved. Here it is assumed that the people involved are willing to listen to arguments on the other side, weigh them using standards of fairness, and change their own views accordingly. Of course democracies do not always work like this, but for minority groups especially it is important that they should, as far as possible. They are, after all, minorities. If everyone just votes according to their sectional interest, the minorities are bound to lose. The force of argument is their only weapon.

This view has been challenged by some feminists and multiculturalists, who claim that the very idea of deciding issues by reasoned argument biases the system in favour of those who are already adept at discussion of this kind. They argue that women and minority groups may need to make use of more impassioned forms of speech to make their case; they also suggest that certain issues should be reserved for the groups that have the greatest stake in them, so that questions about reproductive rights – abortion, contraception, etc. – should be left for women alone to decide. In Chapter 3 I argued in relation to the general problem of minorities that democracies ought to be willing to enshrine certain basic rights in a constitution, precisely so as to protect minorities against unfriendly majorities at any moment. I also suggested that creating separate constituencies to deal with different issues, as happens in a federal system, could be justified on democratic grounds. However, the problem here is that many of the issues that deeply concern women and cultural minorities are also of considerable concern to other groups. Abortion is an obvious case. However tempted one might be to think that this is a matter of concern only to women, it is plain that religious groups, in particular, are also deeply concerned, believing as they do that abortion involves the destruction of a human being with a soul. One cannot dismiss this concern as simply crazy, unless one is willing in the same way to dismiss all other cultural claims with a religious basis. So the only way forward is to attempt to work out, through debate and discussion, a position on abortion that is at least minimally acceptable to the opposing sides, and this again underlines the importance of having a full range of perspectives represented in the body that has to reach a decision.

Finally in this chapter, we come to the question of justice: how have feminists and multiculturalists challenged prevailing ideas of social justice, and how ought we to respond to these challenges? I want to focus here on two particular issues: domestic justice – justice between men and women in family life – and positive discrimination – measures designed to favour women and ethnic minorities in access to higher education and the job market.

Social justice, as I indicated in the last chapter, concerns the way in which social and political institutions produce a distribution of benefits and costs among individuals. The focus has traditionally been on the system of property and taxation, on the public provision of health care and education, and so forth. But can we restrict our attention to the distributive effects of these public institutions? Feminists argue that we also need to look at what happens inside the family unit, to see how *that* distributes benefits and costs, and also to see what impact it has on the wider distribution of jobs, income, and so forth. More specifically they argue that, without domestic justice, social justice is never going to be achieved for women.

Many people today would agree that historically the family gave women a raw deal – that it placed them more or less at the mercy of their men folk, who not only expected to do very little work in the home, but also controlled the family finances by virtue of their status as breadwinners. But it might seem that now that women have won their independence in the public sphere – have gained legal rights, political rights, and equal access to the labour market – relations between men and women in domestic contexts must also have changed profoundly: they now interact on terms of equality. In other words, once social justice (in the familiar sense) is achieved for women, domestic justice will follow. But this optimistic belief has not been borne out in practice: women's position has undoubtedly improved in many respects, but there is still a great deal of inequality, especially in the way domestic labour is shared between men and women. Even when both partners work full time, women still carry out the lion's share of household tasks. On the assumption that these tasks are burdensome (does anybody actually enjoy vacuuming or ironing?), this looks unfair.

Women are also disadvantaged by the fact that, when children are born, they almost invariably take longer career breaks than men, often coming back into the job market to take up part-time work, or in any case advancing up the promotion ladder less rapidly than their male counterparts. This, as much as overt sexual discrimination, seems to explain the often-observed fact that women systematically earn less than men, and are poorly represented at the top of the various professions (there are very few women chief executives, judges, professors, etc.).

But we should not be too quick to conclude that because men and women end up unequally placed in certain respects, this must be an injustice. After all some unequal outcomes are none the less fair – for instance when they reflect the different choices people have made. So one response that we need to consider to the evidence I have just presented is that women have agreed to the arrangements that appear to work to their disadvantage – that they have accepted as part of the family deal, so to speak, that they should do most of the housework, and that they should have less glittering careers than their male partners.

Why might they have agreed to this? Presumably because there still exist norms about the respective roles of men and women, norms which tell us that women have a special responsibility for home-making and child-rearing, while men have a special responsibility to earn income outside the home. So although in practice the vast majority of women of working age are employed in the labour market, there is a tendency for both sexes to regard their work as a kind of bonus, something added on to their primary responsibilities. But even if women share in this perspective, it is clearly one that works against them in terms of the balance of costs and benefits. The norm is a relic from an earlier age, and its being freely embraced is not sufficient to make it fair (even slaves have been known to accept norms that justify their slavery).

Showing that domestic justice has not been achieved in our society is one thing; saying more positively what fairness within the household requires is harder. Should we insist that equal sharing of costs and benefits must be the rule for all couples, or is there room for people to work out different arrangements according to their circumstances? Perhaps once the old norms about a woman's proper place have disappeared, the principle of free agreement will come into its own. As we saw, some feminists insist that there are deep differences between men and women, especially is connection with their role in child-rearing, and see strict equality as forcing women to behave in ways that deny their maternal natures. To the extent this is true, fairness in domestic relations ought to be compatible with flexibility in family life, where partners can choose to divide up work inside and outside the home according to their individual preferences and abilities.

Finally in this chapter we need to look at the issues raised by affirmative action and positive discrimination policies. Both feminists and multiculturalists have challenged conventional ideas about equality of opportunity, which imply that when people are being selected for jobs or college places, this must be strictly on the grounds of merit. Instead, they argue, justice may require us to discriminate positively in favour of women and/or members of ethnic minorities – in other words selection committees should build in a weighting factor that takes account of whether an applicant belongs to one of these categories. Such policies have of course been implemented quite widely, both by universities and by employers, but they remain controversial.

We need to distinguish two justifications that might be given for positive discrimination policies. One is that standard ways of measuring 'merit' – for instance relying on examination grades or test results – tend to underestimate the true ability of women or minority members. This might be because the tests contain hidden cultural biases, or because people in these categories have had fewer opportunities to acquire the skills that the tests are designed to measure – as a result, say, of having a weaker educational background. Where this can be demonstrated – it is much more plausible in the case of deprived ethnic groups than in the case of women, given that girls now tend to outperform boys at school – positive discrimination policies are actually a better way of achieving equal opportunity. There is no dispute at the level of principle: the argument is simply about the best way to ensure that those who are selected for advantaged positions are the people who really deserve them.

However, there is a second justification that *does* raise issues of principle. This starts from the fact that women and ethnic minorities are currently very significantly underrepresented in the higher echelons of society, and presents positive discrimination as the best means to put this right. In other words, it should be an important aim of social policy to ensure that there are many women, blacks, Muslims, and so forth, holding high-level positions in business, the professions, the civil service, and so forth. From this perspective, social justice is not simply about the fair treatment of individuals; it also has an important group-based element. A just society would be one in which all major groups were represented in the various social spheres in rough proportion to their numbers.

Suppose it were true that individual opportunities were genuinely equal – that people were always chosen for jobs and other positions on the basis of merit, and had the same chance to develop the skills and abilities that count as merit – but nevertheless different groups in society turned out to be more or less successful overall, some occupying most of the top posts, others clustering at the bottom. Could we say that the less successful groups were the victims of group injustice? Not if their members had consciously chosen not to apply for the better jobs, say for cultural reasons. But this seems unlikely in general (there might be specific jobs that groups find uncongenial for cultural reasons). A more likely explanation is that groups whose members historically have tended to occupy low-status jobs have low expectations and a diminished sense of self-esteem, and therefore few of their members believe that they have any chance of climbing high up the career ladder – so they prefer not to try.

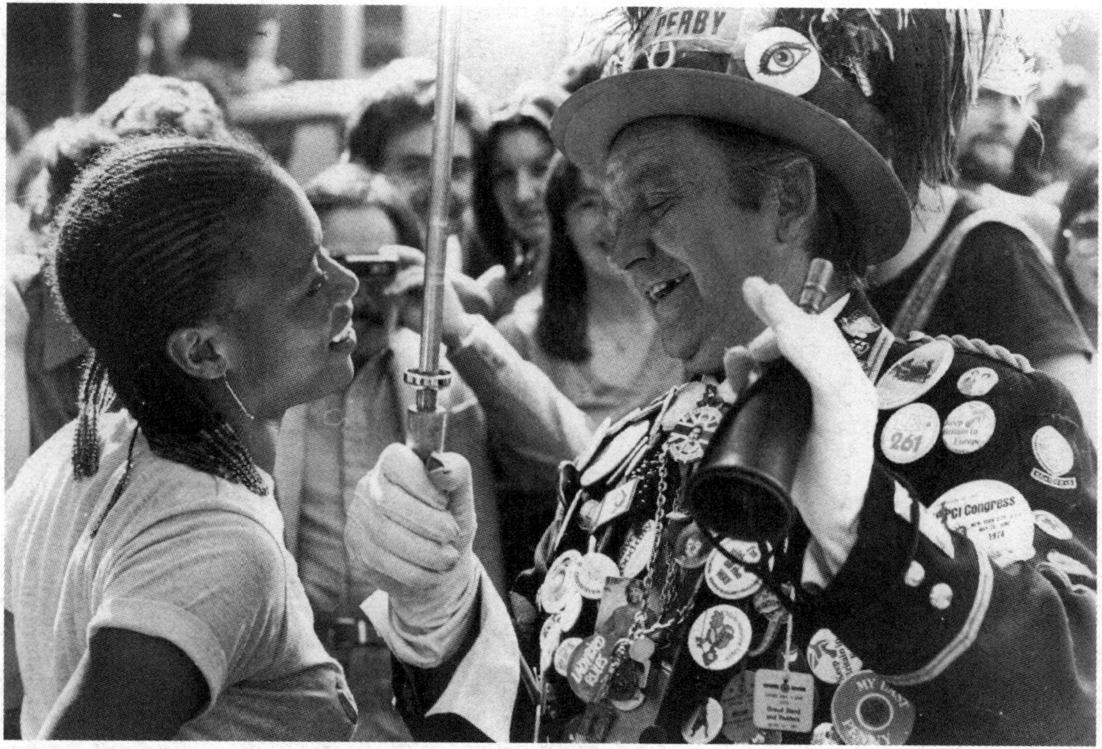

14. Multicultural harmony: the Notting Hill Carnival, 1980.

This state of affairs should concern us. It is bad both for the groups in question and indeed for the whole society that their status is low and that individual members do not seize the opportunities that they might have taken. Positive discrimination policies may help, by showing what minority members are capable of once they are given an initial boost – say a place at a good university. Such people can act as role models encouraging others to follow their lead. So perhaps such policies can be justified, on balance, in terms of their overall effects (African-Americans probably provide the best example). But this does not mean that they are required as a matter of justice, or that groups with low aspirations and low levels of achievement can be described as victims of injustice on that count alone. Indeed there may be a real conflict of values here – between treating individuals fairly, and ensuring that ethnic and other groups are fully integrated into the life of the wider society. I said near the beginning of the book that political philosophers ought to resist the temptation, common to politicians, to assume that the policy they favour involves no sacrifice of other values. Here we ought to conclude that positive discrimination is just only when it is a matter of ensuring real fairness between individuals – unearthing genuine merit. If it goes beyond that, and becomes a means of raising the general standing of one group in relation to others, then however desirable that may be in general, it is no longer a matter of justice.

I suggested at the beginning of the chapter that we should not see feminism and multiculturalism as displacing longer standing questions of political philosophy, but as posing these questions in new ways. I hope now to have justified that remark. Feminists and multiculturalists teach us to think differently about political authority, freedom, democracy, and justice, and in particular challenge us to say how these values are to be realized in societies that are culturally diverse and in which women expect to be treated as the equals of men. Their writings enrich political philosophy and bring it directly into contact with some of the most hotly debated issues of the present day.

Chapter 7
Nations, states, and global justice

In the last chapter, we explored some basic questions about the *scope* both of political authority and of justice. We asked what made some human relationships political, and others not, and we asked whether the idea of justice could be applied to relationships between men and women in the domestic sphere, and to relationships between different cultural groups within a society. This chapter will also be about the scope of politics and justice, but now we will be looking outwards rather than inwards. We will be asking whether the political units we are most familiar with – nation-states – have now outlived their usefulness, and whether we ought to be thinking of politics as something that takes place on an international or even global scale. And we will also examine what justice might mean at a level beyond the nation-state: can we think in terms of global justice, and if so are the principles that apply at this level fundamentally different from the ones that apply within national political communities?

These questions about scope and scale are not just technical. The way human beings interact with one another changes quite fundamentally as we move up from small face-to-face groups where each person knows the others as individuals, to large societies where our knowledge of most other people is of a general kind – we know them only as types, or categories – and we gain our knowledge indirectly, through reports in the media, for instance. It is worth backtracking a little to look at how the city of Siena functioned in the days of Lorenzetti, our mural painter. By comparison with the political units that dominate the world today – nation-states – its scope was tiny. Beyond the city proper, Siena had jurisdiction over an area not more than 30 miles in radius from its centre, covering small towns, villages, and countryside. The total population of this political unit has been estimated to have reached a maximum of about 100,000 people before the Black Death struck in 1348; of these about half lived in the city itself, and only a minority of residents qualified for citizenship. So Lorenzetti, whose *Allegory of Good and Bad Government* has many features that identify it with Siena, was portraying a political community whose political leaders would be known personally to many of the citizens, and who would be seen from day to day going about their business within the city walls. The General Council, made up of representatives from each part of the city, was summoned by a town crier and by the ringing of a bell. When we describe this as a political *community*, we mean exactly what we say.

Political philosophy as we understand it today first arose in these small-scale political communities – most notably in classical Athens. Here the body of citizens was in control of its own destiny, at least as far as the internal life of the city went, so there was a great deal of point in asking questions about the best form of government, about the qualities that good rulers should posses, about the meaning of justice, and so forth. Perhaps city-states of this kind provided human beings with the best opportunity they have ever had to govern themselves well – to achieve freedom, justice, and democracy. So why have they not survived? The answer is that city-states like Athens and Siena were always vulnerable to being captured and absorbed by larger units; they had constantly to be willing to fight to preserve their independence, and to do this they had to form shaky alliances with neighbouring cities, which might succeed for a time, but in the longer term proved incapable of resisting more centralized empires: Athens succumbed to Philip of Macedonia, while Siena, after preserving a modicum of independence by putting itself under the protection of nearby rulers such as the duke of Milan, was finally conquered by the Spanish Emperor Charles V. City-states did not fail because of their internal deficiencies, but because of their external weakness in the face of invading armies.

The political unit that proved capable of resisting imperial power while still embodying some of the virtues of the city-state was the nation-state. This was formed on a much larger scale, involving millions of people occupying a large geographical area, with the institutions of the state itself – the parliament, court, government, military command, etc. – concentrated in the capital city, but it could still make some claim to be a political community because its members thought of themselves as belonging to a distinct people or nation, separate from their neighbours. For this to happen, there had to be media of communication that brought the many localities that made up the nation-state into contact with one another, telling the people in each what the others were thinking and doing. The historian Benedict Anderson has for this reason called nations 'imagined communities': unlike face-to-face communities, their very existence depends on a collective act of imagination. People had to learn to see themselves as French, or American, or Japanese, not just as family members or residents of a particular town.

But do nations really exist? Or are they not just imagined but entirely imaginary? Is there anything that genuinely differentiates the people who live on one side of a national boundary from their counterparts on the other side? Dean Inge once said that 'a nation is a society united by a delusion about its ancestry and by a common hatred of its neighbours'. Like most good quotations, this one contains more than a grain of truth. National identities very often do emerge out of antagonism towards some neighbouring people: being British was once very much a matter of not being French, as today being Scottish is a matter of not being English, and being Canadian a matter of not being American. Nations also typically develop myths about themselves – about their unique moral or cultural qualities, about their past military or political (or sporting) achievements, and so forth. None the less national identity is not simply illusory and it serves good purposes as well as bad. The groups we call nations share, in nearly all cases, a common language, a history of living together over time, and cultural traits that are expressed not only in literary form but also in the physical environment – in the way towns and cities are built, in the pattern of the landscape, in monuments, religious buildings, and the like. When new generations are brought up in those cultural and physical surroundings, they cannot help being shaped by this common heritage – even if they rebel against many aspects of it.

The influence of national culture is particularly strong in the case of nations that have states of their own, because here cultural transmission takes places through the laws, the institutions of government, the education system, and the national media, as well as through the informal channels just mentioned. Nation and state reinforce one another – the power of the state is used to strengthen national identity, while people who are tied together in this way are more willing to accept a common political authority and rally to its

15. Canadians rally for national unity against Quebec separatism, Montreal 1995.

defence when it is attacked. This explains why nation-states have proved to be relatively successful as political units: they are large enough not to be engulfed by imperial armies, yet at the same time they can call upon the loyalty of their members when resistance is necessary.

There is, of course, a downside to this loyalty. When nation-states fight one another, as they did in the two world wars of the 20th century, they can inflict death and suffering on a scale that would have been unthinkable in earlier periods, where wars were most often fought primarily by mercenary armies in the service of empires. So to defend the nation-state as a political unit, it is not enough to highlight its military capacities. We need to say something more about what can be achieved politically in a society whose members are held together by a common identity.

Here I want to make two claims. The first is that such an identity makes democratic government very much more likely to work successfully. Looking back to what was said in Chapter 3, we saw that one of the great difficulties in democratic politics is to reconcile majorities and minorities – to persuade the minority group to accept the decision of the majority, while at the same time persuading the majority not to trample on the wishes or the interests of the minority but to try to accommodate them when reaching decisions. I suggested there that one of the factors likely to encourage what we might call 'democratic self-restraint' was trust between the parties. In a society where people are generally trusting of others, they are less anxious about finding themselves in a minority on some issue, more willing to allow the majority to implement its decision, on the basis that no very great harm will come to them. Where trust is absent, or evaporates, by contrast, every decision becomes potentially a life-and-death issue.

Consider a simple case: suppose that we have a democratic constitution, and the party we belong to has just been defeated in a general election. Should we hand over power as the constitution requires, or should we stage a coup and declare the election null and void? In handing over the reins of government we are exposing ourselves to risks of two sorts. The first is that our opponents will use their new-found power to persecute us, or at the very least introduce discriminatory measures designed to favour their own supporters. The second is that, despite having come to power through a democratic election, they will not respect the constitution, so that by handing power over now, we are forfeiting the chance of ever wielding it again. (This is not just a theoretical possibility. It is well known that, in the case of fledgling democracies, the key moment is not the first election, but the point at which the party that has won the first election is defeated and is required to give up office: what will it do?) Whether we are willing to take that risk depends on how much trust we have in the people who will now take office.

To complete the argument, we need to ask what makes people more likely to trust others, particular others who are not known to them personally. Social psychologists who have investigated this question have found that one important factor is perceived similarity: we are inclined to trust those who we believe resemble us in one way or another. It is not difficult to think of explanations for this: it may be a trait that we have inherited from the early stages of human evolution, when people cooperated with one another in extended kin groups, and had to learn how to discriminate between insiders and outsiders. In large-scale societies, where people may look and sound very different from one another, trust is a problem. But national identity can help to solve it: we may disagree politically with the other side, we may even despise much of what they stand for, but we know that they still have a good deal in common with us – a language, a history, a cultural background. So we can trust them at least to respect the rules and the spirit of democratic government.

My second claim is about social justice. What makes people willing to support policies that will promote social justice, particularly when they can see that they will stand to lose when these policies are implemented? For instance they may have to pay higher taxes to create the resources that are needed to provide adequate welfare services for all citizens, whereas it would be cheaper for them to purchase health care, education, and so forth privately. Or in order to create equal opportunities for groups that have hitherto lagged behind, they may have to relinquish some of their existing privileges, like giving their offspring fast-track access to jobs and college places. Why might they do this? From a sense of justice or fairness, we might answer. But again we need to ask: what makes people willing to deal with others on terms of justice, and to answer *this* question we need once again to consider the issue of shared identity.

It is true of course that we recognize some obligations of justice to people everywhere, regardless of whether we share anything with them beyond our common humanity. We know that it is wrong to kill, injure, or imprison them without good cause, and that if they are in danger or distress we should come to their aid. This common knowledge can help us make sense of the idea of global justice, as I shall later show. But social justice imposes much greater demands on us – in particular it often requires that we accept restrictions placed on us by principles of equality when we could do better for ourselves, or our friends and relations, by casting those restrictions off. No one is killed or injured if we cheat on our taxes or bend the rules to give a nephew a nice job he doesn't deserve. So what might motivate us to accept these demands? As political philosophers like John Rawls have emphasized, one very important motive is the wish to live together with people on terms that we can all justify to one another. In other words, if somebody asks me to explain my behaviour – explain why what I am doing is acceptable – I can do so by appealing to principles that she and I can both accept.

The strength of this motive will depend on how closely tied we are to the other people involved – it is most powerful in small face-to-face groups – but national communities provide at least some of the cement that makes people concerned to live with others on terms of justice. I am not claiming that within existing nations people always conduct themselves justly – that is far from being the case – but only that they have a motive to do so, and this makes them more willing to support policies involving progressive taxation or equal opportunity legislation of the kind I mentioned earlier.

People who disagree with these claims linking national identity to democracy and social justice often point by way of example to countries such as Belgium, Canada, and Switzerland, which are multinational – they each contain two or more distinct national communities – and yet are stable democracies that support extensive welfare states and other institutions of social justice. In reply, I want to say two things. First, these states have evolved federal systems that devolve many important decisions, including decisions about economic and social policy, to provinces or regions that encompass different national groups. In Belgium, for example, Flemings and Walloons have separate governments responsible for many areas of policy such as employment and housing, alongside the federal government which deals with Belgium-wide issues such as defence and foreign policy. Second, most people in these societies have what we might call 'nested' national identities: they think of themselves *both* as Flemish and as Belgian, as Quebecois and as Canadian, and so forth. In other words, they share in an inclusive national identity as well as in a more localized one, and this helps to explain why these societies work as effectively as they do – they can call on common loyalties to support democratic institutions at national level and to justify redistributing resources from their richer regions to their poorer ones.

Nation-states, then, have allowed people to work together politically on a large scale, achieving democracy and pursuing social justice with at least partial success, through the creation of common political identities that can bind people together despite their conflicting beliefs and interests, and their geographical dispersal. But many now believe that this form of government has become outmoded. Countless obituaries for the nation-state have already been penned, and we are just waiting, it seems, for the body to topple conveniently into the grave.

Why is the nation-state thought to be obsolescent? Some of the reasons are internal, having to do with the difficulty of sustaining common national identities in societies that, through immigration and for other reasons, are becoming increasingly multicultural in character. Other reasons concern the external environment in which states now have to operate: their diminished capacity to control global economic forces, and the widening range of problems – especially environmental problems – that can only be solved by cooperation between states or by international bodies. I do not intend to add anything to the existing flood of literature on these topics, but instead ask some questions about the kind of political order that might take the place of the nation-state.

The most favoured alternative is some form of cosmopolitanism. Cosmopolitanism is in fact a very old idea, dating back to the Roman Stoics, who liked to think of themselves as *kosmopolitai*, 'citizens of the world'. But what exactly does this mean? One interpretation of cosmopolitanism is world government in a literal sense – the replacement of the 191 separate states that now exist by a unitary political authority. But although world government has been advocated by some, its disadvantages are only too evident.

First, it is very hard to envisage how government on this scale could possibly be democratic. It would clearly have to work through elected representatives, each representing millions of people, and so ordinary citizens would have virtually no opportunity to influence or control the government itself. The thrust of my argument in this chapter is that democracy works best on a small scale: the city-state was probably its ideal site, and the nation-state's great achievement has been to simulate the intimacy of the city by its use of the mass media, giving people at least a sense that they are involved in, and able to influence, political affairs. But world government would appear a distant and alien body, as even, on a much smaller scale, the European Union does to many people today. And the issue of trust, highlighted earlier, would emerge with all its force: why would I regard as legitimate decisions taken by a majority drawn from communities with which I feel myself to have little in common?

Second, there is a real risk that a world government might become tyrannical, and if that were to happen there would be no sanctuary in which individuals could take refuge. In a world of states, a clear sign of bad government is a government that has to build walls and fences to keep its people captive, and where alternatives exist the walls and fences cannot be kept up indefinitely (the Berlin Wall, built to prevent the people of East Germany escaping to the West, lasted for 28 years before it was torn down block by block in 1989). Despotic governments are kept in check, at least to some degree, by the possibility of people escaping to places where they can live in greater freedom and security. But there would be no such check if world government became a reality.

Finally, if increasing cultural diversity is currently posing problems for many nation-states, the problems would be far deeper for a world government that had to embrace the major civilizations that exist today, each of which would aim to see its values and beliefs reflected in public policy. Indeed there are only two circumstances in which such a proposal would seem at all feasible. One would be the emergence of a common global culture that engulfed present-day cultural differences, presumably one based on mass-market consumerism – the so-called 'McWorld' scenario, where everywhere turns into a kind of giant American shopping mall. The other would be a wholesale privatization of culture, so that although different groups in different places pursued their own cultural values, there would be no expectation that government should take these cultural values into account (think, by way of analogy, of a society in which there are no state churches, only churches built and funded by their own congregations). This is perhaps more plausible (and less offputting) than the first scenario. Yet one of the fiercest divisions in

16. Resisting globalization, US-style: Latvia 1996.

today's world is between those who are willing to see culture (and especially religion) privatized in this way, and those who insist that government policy should be based on their preferred cultural values.

World government in the literal sense must be distinguished from the much more modest proposal, favoured by among others the philosopher Immanuel Kant, that states should enter into a permanent agreement with one another to renounce the use of force; there should be a confederation to ensure what Kant called 'perpetual peace'. We can see this foreshadowed in the relations between liberal democracies today, which involve a sometimes tacit and sometimes explicit agreement to settle their differences by negotiation or by reference to international bodies such as the European Union or the United Nations. Agreements of this kind, it is important to emphasize, stabilize relations between states, but leave states themselves as the main sources of political authority. And Kant himself favoured this: a single world government, he thought, would be a 'universal despotism which saps all man's energies and ends in the graveyard of freedom'.

Cosmopolitanism in its most literal sense is both implausible and unattractive. But political philosophers sometimes interpret the idea of world citizenship differently, not as a form of government, but as a proposal about how individuals should think and behave. What is being suggested is that we should overcome our narrow national and other attachments and think of ourselves as if we were citizens of the world, in other words as people who have equal responsibilities to our fellow human beings everywhere. From this perspective, national boundaries are simply arbitrary dividing lines to which no moral significance should be attached. In particular we should cease to think of justice as something to be pursued primarily within the limits of the city or the nation; we should give equal weight to the claims of every human being, regardless of race, creed, or nationality. So even if political authority remains localized in particular nation-states, we should use it to promote global justice, ceasing to give any preference to those who fall inside the political community we happen to belong to.

Cosmopolitans of this stripe often do not deny what was said above about the relationship between our communal identities and our willingness to accept obligations of justice to other people. They may agree that very often people's sense of justice is powerfully shaped by their sense of belonging, by the division between those inside and those outside our political community. But they see this as a problem to be overcome, not as a permanent limitation. There are deep issues involved here, about the extent to which human beings are capable of acting on principles of reason alone, or on the other hand whether reason has to be allied to feelings and emotions, our sense of who we are, in order to motivate behaviour. But rather than grapple with these, I want to signal a couple of reasons for doubting at least strong versions of ethical cosmopolitanism, and then propose an alternative way of understanding global justice.

One of these reasons assumes that we will continue to live in a culturally divided world – in other words that the 'McWorld' scenario I referred to earlier does not come to pass. Culture affects the way that we understand justice, not perhaps at the most basic level, but certainly in terms of the kind of demands that can properly be seen as demands of justice. Religion furnishes some obvious examples. Suppose someone claims that he has special needs because of his religious beliefs, or that his opportunities are being limited by religious practices that he is required to comply with. How should we regard his claims? If we stand within the religious tradition to which he belongs, and we accept his interpretation of that tradition, then we will see his claims as valid claims of justice. But if we look in from the outside, we are bound to regard them differently. We might see the claims as having some weight, but we are also likely to ask whether the tradition could not be changed so that it becomes less onerous for the faithful.

A similar difference of perspective may occur at international level. Suppose I belong to a predominantly secular society, and am committed to cosmopolitan principles of justice that require me to disregard national boundaries. A second society is materially much poorer than mine, but this is largely because its members devote a large fraction of their resources to a priestly establishment, claiming that they have no option but to do so – God has commanded it. How strong a claim on my resources does a person in that society have? Should I regard his relative poverty as something he has chosen, for religious reasons, and therefore as making no special demands on me, or should I regard the religious expenditure as externally compelled, and therefore consider his needs as more pressing than those of people in my own society? The general point is that if cultural differences have an impact on the way that we understand justice, then what justice requires *across* a culturally plural world becomes indeterminate.

A second reason has to do with the connection between justice and reciprocity. The basic idea is simple to state: I behave justly towards other people in the expectation that they will behave justly towards me in return. This does not mean that what I do and what they do will be exactly the same. Our circumstances may be different. But if, say, I help somebody who is now in need – suppose I come across somebody who is stranded late at night because she has missed the last bus home – I do so on the assumption that were I in that position, she or someone else would do the same for me. Within political communities, this idea of reciprocity is given concrete shape through the legal system and other forms of government. When I obey traffic regulations or pay my taxes, I assume that my fellow-citizens will also comply, either voluntarily or in order to avoid legal sanctions. Without this assurance, behaving justly opens you up to being taken advantage of by those with fewer scruples.

If we apply this thought to cosmopolitan justice, the problem is obvious. Assuming that I know what justice requires me to do for someone who belongs to a distant community, what reason do I have to expect him to reciprocate? How do I know that my willingness to act justly is not going to be exploited? Of course this does not *prevent* me from doing what justice requires, but it does make it a more costly option. This problem might be avoided if there were to emerge shared global norms whereby people everywhere recognized certain situations as making demands of justice upon them – these have been foreshadowed in a very limited way in the case of large-scale natural disasters, where it has now become the norm to organize an international relief effort to bring help to the victims. So we might move slowly into a world in which certain forms of just behaviour would be reciprocated. But until that happens, someone setting out to act on cosmopolitan principles of justice – in the sense of principles that take no account of national boundaries or other forms of membership – is behaving heroically, doing more than she is morally required to do.

This does not mean that there is no justice beyond the boundaries of the nation-state. There *is* such a thing as global justice, and it is an increasingly important factor in world politics, but we should not understand it, as cosmopolitans do, as simply social justice stretched out beyond those boundaries to embrace people everywhere. I want to conclude this chapter, and the book, with a brief sketch of this non-cosmopolitan alternative. It has three main elements.

First, there is a set of conditions that define just terms of interaction *between* nation-states. Some of these are already familiar from handbooks of international law. States must abide by the treaties and other agreements they have made; they must respect one another's territorial integrity; they must not use force against another state except in self-defence; and so on. But there are other requirements that are less familiar, and have only recently come to play a part in the conduct of international relations. These requirements have to do with the way the costs and benefits of international cooperation are shared. There are, for instance, a number of environmental problems whose solution requires nation-states to place constraints on their citizens' behaviour. Quotas for the emission of greenhouse gases are one example; quotas for catching endangered species of fish are another. The problem is to decide how these costs should be distributed, and principles of justice can help to settle this (unfortunately the answer is often not clear-cut – different principles can reasonably be called into play – which inevitably leaves space for power politics to intrude).

There are also important issues concerning the terms of international trade. Rich and powerful countries are currently able to set these terms in such a way as to leave them free to export their products to less developed countries, while imposing barriers to protect their own farmers that make it difficult for producers in those countries to export their crops. There are arguments for, and arguments against, leaving international markets completely free, but what justice requires is that whatever restrictions are imposed on trade should be ones that give people in poor countries the same set of economic opportunities as their counterparts in rich countries.

Second, global justice involves respecting and protecting the human rights of people everywhere, including, if necessary, challenging the authority of states that violate these rights. I looked at the idea of human rights in some detail in Chapter 4, and I argued there that we need to draw a line between basic human rights – rights to those conditions that human beings everywhere need if they are to live minimally decent lives – and the longer lists of rights that appear in many human rights documents, which are better understood as rights that particular political communities should secure to their citizens. This distinction is important here, because from the perspective of global justice it is only protection of the basic rights that matters. We should not intervene in other states simply because they fail to recognize rights that *we* think are important, such as rights to universal suffrage or unlimited religious freedom (we may *encourage* such states to implement rights on the longer list by offering them inducements of various kinds – for instance membership in international bodies such as the European Union – but we should not to try to enforce them).

Why do human rights impose obligations of justice on us regardless of national or other cultural boundaries? On the one hand, they mark out genuinely universal features of human existence that transcend cultural differences. You and I may reasonably disagree about the importance of religious belief and practice, but we cannot reasonably disagree about whether someone who is being tortured or allowed to starve to death is being harmed. So the argument I presented earlier about why ideas of social justice are not cultural universals does not apply here. On the other hand, human rights carry great moral weight. They correspond to the most serious kinds of harm that can befall a person. So they override our concerns about fairness and reciprocity. This difference is something that we instinctively recognize. If someone who is not in serious need asks me for my help – let us say requests a lift down to the station – then I am likely to consider whether he is taking advantage of my good nature or whether he would be willing to do the same for me on another occasion. But if he has been seriously injured in an accident, all that matters is that I am in a position to help him. Protecting human rights corresponds to the second case. If they are not protected, people will suffer or die. So anyone who can help must do so as a matter of justice.

The third requirement of global justice is that people everywhere should have the opportunity to be politically autonomous; that all political communities should enjoy rights of self-determination. This does not mean that every nation must have its own independent state. In some cases people are intermingled geographically in such a way that this simple formula for self-determination cannot be applied. None the less, there are forms of self-determination that can be used in such cases, such as the power-sharing agreement between Protestants and Catholics in Northern Ireland that is proceeding in fits and starts as this book is

17. Universal human rights: actors Julie Christie and Cy Grant marking UN Human Rights Day.

being written. What can frustrate the search for self-government? Either the political ambitions of neighbouring states who want to impose a form of imperial rule on the community in question, or an economic position that is so precarious that the community is given no real choices to make. In either case, other nations have a responsibility to work together to create the conditions under which self-determination is possible.

Why is this a matter of justice? In my argument against political cosmopolitanism, I emphasized how important it is to many groups that they should be allowed to express their cultural traditions politically, and this can only be done if they enjoy political self-determination. Even liberal societies attach great value to national self-determination, and only relinquish their rights of sovereignty with great reluctance. This is evidence of the strong need people have to feel in control of their own destiny, even those who are not active participants in democratic government. If these observations are accurate, then being denied the opportunity for self-determination is a serious loss, one great enough to impose obligations of justice on others.

If global justice along these lines were achieved, the world would look something like this: political authority would rest primarily with nation-states, but they would collaborate to ensure that the costs and benefits of international cooperation were fairly distributed. Each political community would govern itself according to its own political traditions, and schemes of social justice would likewise vary somewhat from place to place. But everywhere human rights would be respected, and in cases where they were threatened, either by natural disasters such as drought or by oppressive regimes, other states would work together to ward off the threat. Some states would be richer than others: this would not be unjust provided that it resulted from political choices and cultural decisions rather than from economic exploitation. Some states would also be more democratic than others, but even those peoples who did not control their governors directly would identify with their government and feel that it represented their interests and values.

Such a world is very different from our own. It is what John Rawls in his book *The Law of Peoples* called a 'realistic utopia' – an ethical vision that stretches the bounds of political possibility as far as they can be stretched without becoming pure pie-in-the-sky. Are we likely to get there? Many current observers of the international scene foresee a kind of market triumphalism, in which global economic forces prevent any nation-state from making real political choices. Self-determination becomes meaningless if the only option is to adopt policies that ensure maximum economic competitiveness. But, as I said in Chapter 1, this form of fatalism looks no better grounded than previous forms that we now regard as antiquated. In any case, if there really are no political choices left for us to make, then political philosophy, whether national or international in focus, becomes useless, nothing more than fiddling while Rome burns. Everything I have said in this book assumes that the choice between good and bad government is always one we have to make, even if the form that good government takes changes as technology advances and societies become larger and more complex.

We have come a long way from the picture of good government in a city-state of 100,000 people. It is harder for us than it was for Lorenzetti to describe the conditions under which people can till the ground, trade, hunt, teach, and dance in relative peace and security – or on the other hand to describe how tyranny and oppression bring devastation and slaughter in their wake. Our politics is conducted on a much larger scale, and at many different levels. It is much more difficult to connect cause and effect, and therefore to assign responsibility for political success or failure. Yet there are elements in Lorenzetti's picture that are as relevant to us now as they were in 14th-century Siena: the difference between legitimate political authority and tyranny; the relationship between government and its citizens; the nature of justice. These questions remain at the heart of political philosophy, and it is at precisely those moments when we feel that humanity's future is slipping out of our control that we need to think about them long and hard, and then decide, together, what to do.

Further reading

General reading

For readers who want to explore the topics covered in this book in greater depth, several textbooks on political philosophy can be recommended:

Jonathan Wolff, *An Introduction to Political Philosophy* (Oxford University Press, 1996).
Adam Swift, *Political Philosophy: A Beginners' Guide for Students and Politicians* (Polity Press, 2001).
Will Kymlicka, *Contemporary Political Philosophy*, 2nd edn. (Oxford University Press, 2002).
Dudley Knowles, *Political Philosophy* (Routledge, 2001).
Gerald Gaus, *Political Concepts and Political Theories* (Westview Press, 2000).
Robert Goodin and Philip Pettit, *A Companion to Contemporary Political Philosophy* (Blackwell, 1993).

The history of political philosophy poses greater problems. Perhaps because of the huge weight of historical scholarship that has accumulated, academics today are deterred from writing single-author overviews of the subject. Two introductory multi-author books are David Muschamp (ed.), *Political Thinkers* (Macmillan, 1986) and Brian Redhead (ed.), *Political Thought from Plato to Nato* (Penguin, 1995); these treat individual political philosophers in historical sequence. Two studies which use historical figures to illustrate general themes in political philosophy are Jonathan Wolff's book referred to above and John Morrow, *History of Political Thought* (Macmillan 1998). For an in-depth treatment of political thought from Hobbes onwards, see Iain Hampsher-Monk, *A History of Modern Political Thought* (Blackwell, 1992). For short accounts of both major and minor figures in the history of political thought, see my *Blackwell Encyclopaedia of Political Thought*, co-edited with Janet Coleman, William Connolly, and Alan Ryan (Blackwell, 1987).

Chapter 1

Lorenzetti's frescos are reproduced and discussed in Randolph Starn, *Ambrogio Lorenzetti: The Palazzo Pubblico, Siena* (Braziller, 1994). They can also be viewed on the internet at *http://www.kfki.hu/arthp/html/l/lorenzet/ambrogio/governme/index.html.* In interpreting the frescos, I have been much helped by Quentin Skinner's essays on Lorenzetti, which are reproduced in his *Visions of Politics*, ii (Cambridge University Press, 2002).

Marx's theory that politics is largely determined by a society's form of material production can be found in *The Communist Manifesto* and the preface to *A Critique of Political Economy*, both of which are reproduced in standard selections from Marx such as *Karl Marx: Selected Writings*, ed. D. McLellan (Oxford University Press, 1977). The 'end of history' thesis was popularized in Francis Fukuyama, *The End of History and the Last Man* (Hamish Hamilton, 1992).

For Hobbes and Plato, see respectively Thomas Hobbes, *Leviathan*, ed. R. Tuck (Cambridge University Press, 1991) and Plato, *The Republic*, available in many translations including that of H. D. P. Lee (Penguin, 1955) – the simile of the cave can be found in book 7.

For the contrast between ancient and modern forms of democracy, see Sanford Lakoff, *Democracy: History, Theory, Practice* (Westview Press, 1996).

Chapter 2

The most accessible discussion of political authority that I know of is April Carter, *Authority and Democracy* (Routledge & Kegan Paul, 1979). More advanced is Leslie Green, *The Authority of the State* (Clarendon Press, 1998).

Hobbes's description of life without political authority is in his *Leviathan*, ed. Richard Tuck (Cambridge University Press, 1991), ch. 13; the passage cited occurs on p. 89. A good introduction to his thought is Richard Tuck, *Hobbes* (Oxford University Press, 1989).

I have discussed anarchism at greater length in *Anarchism* (Dent, 1984). The best known communitarian anarchist was the Russian Prince Peter Kropotkin – see for instance his *The Conquest of Bread and Other Writings*, ed. M. Shatz (Cambridge University Press, 1995). The most important work of libertarian political philosophy is Robert Nozick, *Anarchy, State and Utopia* (Blackwell, 1974), though note that Nozick ends up by defending the minimal state rather than anarchy. For a good discussion see Jonathan Wolff, *Robert Nozick* (Polity Press, 1991).

On public goods, and the question whether political authority is needed to provide them, see David Schmidtz, *The Limits of Government* (Westview Press, 1991).

The problem of political obligation is discussed by John Horton in *Political Obligation* (Macmillan, 1992). The most persuasive case for the fair-play argument is to be found in G. Klosko, *The Principle of Fairness and Political Obligation* (Rowman & Littlefield, 1992); it is criticized, along with the consent argument, in A. John Simmons, *Moral Principles and Political Obligations* (Princeton University Press, 1979).

The grounds for civil disobedience are discussed in Peter Singer, *Democracy and Disobedience* (Oxford University Press, 1973).

Chapter 3

John Locke's critique of Hobbes can be found in his *Two Treatises of Government*, ed. P. Laslett (Cambridge University Press, 1988). The quotation is from the *Second Treatise*, ch. 7, p. 328.

The Schumpeter quotation comes from Joseph Schumpeter, *Capitalism, Socialism and Democracy*, ed. T. Bottomore (Allen & Unwin, 1976), p. 262.

The Rousseau quotation comes from Jean-Jacques Rousseau, *The Social Contract*, ed. C. Frankel (Hafner, 1947), p. 85.

On democracy in general, see Ross Harrison, *Democracy* (Routledge, 1993) and Albert Weale, *Democracy* (Macmillan, 1999). For the pluralist approach, see Robert Dahl, *Democracy and its Critics* (Yale University Press, 1989). For a defence of popular participation in politics, see Benjamin Barber, *Strong Democracy* (University of California Press, 1984) and John Burnheim, *Is Democracy Possible?* (Polity Press, 1985).

For evidence about how ordinary citizens might perform if asked to make political decisions, see Anna Coote and Jo Lenaghan, *Citizens' Juries* (IPPR, 1997) and James Fishkin, *The Voice of the People* (Yale University Press, 1995).

On the role of constitutions, see Geoffrey Marshall, *Constitutional Theory* (Clarendon Press, 1971).

Chapter 4

John Stuart Mill's *On Liberty* is included in *Utilitarianism; On Liberty; Considerations on Representative Government*, ed. A. D. Lindsay (Dent, 1964). The quotations in this chapter are from pp. 125 and 138.

I have collected together what I regard as the best essays on the concept of liberty, including Isaiah Berlin's, in *Liberty* (Oxford University Press,

1991). Other good treatments are Tim Gray, *Freedom* (Macmillan, 1991) and Adam Swift, *Political Philosophy* (Polity Press, 2001), part 2.

Mill's principle of liberty has been much discussed. Recommended books include C. L. Ten, *Mill on Liberty* (Clarendon Press, 1980) and Joel Feinberg, *Harm to Others* (Oxford University Press, 1984).

For discussion of the issues of free speech raised by the controversy surrounding Salman Rushdie's *The Satanic Verses*, see Bhikhu Parekh (ed.), *Free Speech* (Commission for Racial Equality, 1990) and Bhikhu Parekh, *Rethinking Multiculturalism* (Macmillan, 2000), ch. 10.

The development of the idea of natural rights is traced in Richard Tuck, *Natural Rights Theories: Their Origins and Development* (Cambridge University Press, 1979). For analysis of the more recent idea of human rights, see James Nickel, *Making Sense of Human Rights* (University of California Press, 1987) and Henry Shue, *Basic Rights* (Princeton University Press, 1996).

Chapter 5

St Augustine's remark about justice comes from *The City of God against the Pagans*, ed. R. W. Dyson (Cambridge University Press, 1998), p. 139.

I have analysed the idea of justice at greater length in *Principles of Social Justice* (Harvard University Press, 1999) – this focuses on the principles of equality, desert, and need. A good discussion of different theories of justice can be found in Tom Campbell, *Justice*, 2nd edn. (Macmillan, 2001), as well as in the general textbooks by Kymlicka and Swift listed above. For the idea that different principles of justice apply in different contexts, see especially Michael Walzer, *Spheres of Justice: A Defence of Pluralism and Equality* (Basic Books, 1983).

A good selection of recent writing by political philosophers on equality is Matthew Clayton and Andrew Williams (eds.), *The Ideal of Equality* (Macmillan, 2000).

Hayek's critique of social justice can be found in Friedrich Hayek, *Law, Legislation and Liberty*, vol. ii. *The Mirage of Social Justice* (Routledge & Kegan Paul, 1976).

Evidence about communities and societies that have tried to dispense with material incentives is presented in Charles Erasmus, *In Search of the Common Good: Utopian Experiments Past and Future* (Free Press, 1977).

John Rawls's masterwork is *A Theory of Justice*, first published in 1971 (revised edn., Harvard University Press, 1999), but a shorter and more accessible version of his theory can be found in *Justice as Fairness: A Restatement*, ed. E Kelly (Harvard University Press, 2001).

For an accessible introduction to the idea of market socialism, see Julian Le Grand and Saul Estrin (eds.), *Market Socialism* (Clarendon Press, 1989).

Chapter 6

Both feminism and multiculturalism are discussed at length in Will Kymlicka, *Contemporary Political Philosophy*, 2nd edn. (Oxford University Press, 2002). There are many anthologies of feminist political thought, including Alison Jaggar and Iris Marion Young (eds.), *A Companion to Feminist Philosophy* (Blackwell, 1998) and Anne Phillips (ed.), *Feminism and Politics* (Oxford University Press, 1998). On multiculturalism, see Will Kymlicka, *Multicultural Citizenship* (Clarendon Press, 1995), Bhikhu Parekh, *Rethinking Multiculturalism* (Macmillan, 2000), and for a critique, Brian Barry, *Culture and Equality* (Polity Press, 2001).

For the claim that in debates about political power and authority, the power of men over women has remained unacknowledged, see especially Carole Pateman, *The Sexual Contract* (Polity Press, 1988). For analysis of how political philosophers have regarded women in the past, see Susan Okin, *Women in Western Political Thought* (Virago, 1980).

The quotation from John Stuart Mill comes from *The Subjection of Women* in John Stuart Mill and Harriet Taylor, *Essays on Sex Equality*, ed. A Rossi (University of Chicago Press, 1970), p. 148. The question whether there are essential differences between men's and women's nature is discussed in Deborah Rhode (ed.), *Theoretical Perspectives on Sexual Difference* (Yale University Press, 1990).

The feminist case against pornography is powerfully stated in Catherine MacKinnon, *Only Words* (Harper Collins, 1994).

For discussion about why and how women and cultural minorities should be included in democratic politics, see Anne Phillips, *The Politics of Presence* (Clarendon Press, 1995) and Iris Marion Young, *Inclusion and Democracy* (Oxford University Press, 2000).

On justice within the family, see especially Susan Moller Okin, *Justice, Gender and the Family* (Basic Books, 1989).

For those wanting to investigate the philosophical issues posed by affirmative action policies, a good place to start is Stephen Cahn, *The Affirmative Action Debate*, 2nd edn. (Routledge, 2002). See also Ronald Dworkin's essays collected in *A Matter of Principle* (Clarendon Press, 1986), part v.

Chapter 7

Benedict Anderson's influential idea of nations as imagined communities is developed in *Imagined Communities: Reflections on the Origins and Spread of Nationalism*, revised edn. (Verso, 1991). For contrasting interpretations of nationalism as a sociological phenomenon, see Ernest Gellner, *Nations and Nationalism* (Blackwell, 1983) and Anthony Smith, *National Identity* (Penguin, 1991).

My claim that national identity supports democracy and social justice is spelt out at greater length in *On Nationality* (Clarendon Press, 1995). For the argument that nationalism need not be detrimental to liberal values, see Yael Tamir, *Liberal Nationalism* (Princeton University Press, 1993).

Cosmopolitan political ideas are defended by David Held in *Democracy and the Global Order* (Polity, 1995). Cosmopolitan principles of justice are advocated in Charles Beitz, *Political Theory and International Relations* (new edn., Princeton University Press, 1999), Thomas Pogge, *Realizing Rawls* (Cornell University Press, 1989), and Charles Jones, *Global Justice: Defending Cosmopolitanism* (Oxford University Press, 1999).

Michael Walzer defends the view that 'thicker' principles of justice apply within national communities than across the world as a whole in *Thick and Thin: Moral Argument at Home and Abroad* (University of Notre Dame Press, 1994).

Immanuel Kant's essay 'Perpetual Peace' is included in *Kant's Political Writings*, ed. H. Reiss (Cambridge University Press, 1971). The quoted sentence in on p. 114.

For John Rawls's vision of a just world order as a 'realistic utopia' see *The Law of Peoples* (Harvard University Press, 1999).

“牛津通识读本”已出书目

古典哲学的趣味
人生的意义
文学理论入门
大众经济学
历史之源
设计，无处不在
生活中的心理学
政治的历史与边界
哲学的思与惑
资本主义
美国总统制
海德格尔
我们时代的伦理学
卡夫卡是谁
考古学的过去与未来
天文学简史
社会学的意识
康德
尼采
亚里士多德的世界
西方艺术新论
全球化面面观
简明逻辑学
法哲学：价值与事实
政治哲学与幸福根基
选择理论
后殖民主义与世界格局
福柯
缤纷的语言学
达达和超现实主义
佛学概论
维特根斯坦与哲学
科学哲学
印度哲学祛魅
克尔凯郭尔
科学革命
广告
数学
叔本华
笛卡尔
基督教神学
犹太人与犹太教
现代日本
罗兰·巴特
马基雅维里
全球经济史
进化
性存在
量子理论
牛顿新传
国际移民
哈贝马斯
医学伦理
黑格尔
地球
记忆
法律
中国文学
托克维尔
休谟
分子
法国大革命
民族主义
科幻作品
罗素
美国政党与选举
美国最高法院
纪录片
大萧条与罗斯福新政
领导力
无神论
罗马共和国
美国国会
民主
英格兰文学
现代主义
网络
自闭症
德里达
浪漫主义
批判理论

德国文学
戏剧
腐败
医事法
癌症
植物
法语文学
微观经济学
湖泊
拜占庭
司法心理学
发展
农业
特洛伊战争
巴比伦尼亚
河流
战争与技术

儿童心理学
时装
现代拉丁美洲文学
卢梭
隐私
电影音乐
抑郁症
传染病
希腊化时代
知识
环境伦理学
美国革命
元素周期表
人口学
社会心理学
动物

电影
俄罗斯文学
古典文学
大数据
洛克
幸福
免疫系统
银行学
景观设计学
神圣罗马帝国
大流行病
亚历山大大帝
气候
第二次世界大战
中世纪
工业革命